KiWi
PAPERBACK
879

Über das Buch:
Wanderer brauchen Glück. Denn häufig genug ziehen sich manche der ausgewiesenen Wege an viel befahrenen Bundesstraßen entlang. Hat man dann endlich den rettenden Forstweg erreicht, wird man von riesigen Holztransportern überholt, sodass nur noch der Sprung in den nächsten Graben Schlimmeres verhindert.
Manuel Andrack kennt das alles. Seit fast zehn Jahren wandert er in der Eifel, im Harz oder durch die Sächsische und Böhmische Schweiz. Von seinen persönlichen Lieblingswanderwegen erzählt er in »Du musst wandern«. Dabei wandert er mit Freunden, seinen Kindern und seinen Eltern, aber am liebsten wandert er allein und lange. Oft ist Manuel Andrack den ganzen Tag unterwegs, geht bis zu 40 Kilometer. Er wandert nach dem Abstieg des 1. FC Köln (mit jedem Schritt wurde der Schmerz weniger) und findet Trost beim großen Wanderer Johann Wolfgang von Goethe: »Was ich nicht erlernt habe, das habe ich erwandert.«

Der Autor:
Manuel Andrack, geboren 1965, war acht Jahre lang hinter den Kulissen der Harald Schmidt Show aktiv, wählte Gäste und Gags aus. Bekannt wurde er im August 2000, als er seinen Arbeitsplatz in das Studio verlegte. Als so genannter »Sidekick« unterhielt er sich von nun an mit Harald Schmidt über Gott und die Welt, am liebsten aber über Fußball und deutsche Biersorten. Dieses Engagement für deutsches Bier veranlasste den Deutschen Brauer Bund 2002 dazu, ihn für ein Jahr zum »Botschafter des Bieres« zu ernennen. Er bekam 2001 und 2003 den Deutschen Fernsehpreis, war zweimal für den Grimme-Preis Spezial nominiert und wurde mit dem Grimme Online Award TV 2001 und der Goldenen Feder 2002 ausgezeichnet. Seit Ende 2004 ist er wieder mit Harald Schmidt in der ARD zu sehen. »Du musst wandern« ist sein erstes Buch.

Manuel Andrack

Du musst wandern

Ohne Stock und Hut im deutschen Mittelgebirge

Kiepenheuer & Witsch

3. Auflage 2005

Umschlaggestaltung: Barbara Thoben, Köln
Umschlagfoto: © Achim Kröpsch, Düsseldorf
Fotos und Zeichnungen im Innenteil: © Manuel Andrack, Köln
Karten im Innenteil: Rudolf Linn, Köln,
nach Vorlagen von Manuel Andrack
Gesetzt aus der Janson und Galathea
Satz und Reproarbeit: grafik & sound, Köln
Druck und Bindearbeiten: Clausen & Bosse, Leck
ISBN 3-462-03488-X

Für meine Familie

Inhalt

Vorwort

Das Jahr 2004 war für mich das Jahr einer zwangsverordneten Kreativpause. Was genau aber ist eine Kreativpause? Eine Pause von der Kreativität, in der man endlich einmal dumpf vor sich hinleben darf? Oder ist es eine Pause vom dumpfen Fernsehgeschäft, in der man endlich einmal kreativ sein kann? Ich entschied mich für die zweite Variante. Ich wollte ein Buch über das Wandern schreiben.

Mein Umfeld reagierte überrascht. Immer wieder kam die unvermeidliche Frage im Herzliches-Beileid-Ton: »Und, was machst du denn jetzt?« – »Ich schreibe gerade ein Wanderbuch«, antwortete ich dann fröhlich. – »So, so.«

Nach landläufiger Meinung kann ein Buch übers Wandern nur ein Wanderführer sein. Und die gibt es in Deutschland in ausreichender Anzahl für jedes denkbare Wandergebiet. Auch ich werde in diesem Buch bestimmte Wandertouren beschreiben. Doch den Wanderführer oder Karten kann ich nicht ersetzen. Ich werde nicht beschreiben, an welcher Eiche man sich links halten und wo man welche Landstraße überqueren muss.

Ich möchte Werbung für das Wandern als Freiluftsport machen. Wandern ist besser, als in vermieften Sporthallen Volleyball, Squash oder Basketball zu spielen. Im Gegensatz zum Radfahren ist man wirklich an der frischen Luft, sprich im Wald, und nicht auf

Autostraßen. Außerdem verschafft das Wandern abwechslungsreichere Sinneseindrücke, im Vergleich zum Kachelzählen im Schwimmbad oder zu der immer gleichen Runde beim Joggen. Und, ganz wichtig: Kann mir jemand eine sportliche Tätigkeit nennen, bei der man zur Halbzeit ein Steak und drei frisch gezapfte Pils zu sich nimmt und danach gestärkt weitermacht?

Ich freue mich sehr, dass mein Faible fürs Wandern im Trend liegt. Wirtschaftsbosse wie Post-Chef Klaus Zumwinkel, Comedy-Star Hape Kerkeling und sogar Uno-Generalsekretär Kofi Annan sind Wanderfreaks. Mit dem würzigen Geruch des Laubs in der Nase und dem Ausblick auf eine geschwungene Hügelkette stärkt sich Herr Annan, um hernach die Welt zu retten.

Entschuldigen muss ich mich im Vorhinein bei allen, die gerne in den südlichen Mittelgebirgen wandern. Ich bin eher auf einem west-östlichen Diwan unterwegs. Von der Eifel, dem Hunsrück, dem Teutoburger Wald und dem Rothaargebirge im Westen über den Harz in der Mitte bis nach Thüringen und dem Elbsandsteingebirge im Osten reichen meine Beschreibungen. Was nicht heißen soll, dass man im Schwarzwald, in der Fränkischen Schweiz, im Pfälzer Wald (ein absolut großartiges Wandergebiet) und, und, und nicht auch toll wandern kann. Ich musste für das Buch eine Auswahl treffen.

Auf den nächsten Seiten steht, was man alles beim Wandern beachten soll. Was sich ändert, wenn man mit seinen Kindern, den Kumpels oder seinem Vater unterwegs ist. Und wie schnell und weit man gehen kann, wenn man alleine wandert. Aber keine Angst, meine Touren von 40 Kilometer Länge müssen keinen abschrecken. Jeder Wanderer sollte nach Lust und Kondition selber entscheiden, was ihm gut tut.

Ich beschreibe unterschiedliche Wege, Höhen- und Talwege, Felsenwege und Dörferwanderungen. Alles eben, was man in deutschen Mittelgebirgen, fernab vom Leistungsdruck des alpinen Wandern und Kletterns, erleben und sehen kann. Die Strecken kann, aber muss man nicht zwingend nachwandern. Neben dem Spaß am Lesen sollte das Buch Lust darauf machen, einfach loszuwandern – am besten im Mittelgebirge um die Ecke.

Übrigens, wer es nicht so mit dem Lesen hat – in diesem Buch gibt es auch jede Menge zu gucken: prima Bilder und Zeichnungen.

Ich werde allen persönlich von Angesicht zu Angesicht danken, die etwas für dieses Buch getan haben. Ich lese mir das in anderen Büchern nie durch, wer wem dankt, weil das einfach irre langweilig ist. Jetzt wird aber losgewandert. Viel Spaß damit!

Köln, im Februar 2005 *Manuel Andrack*

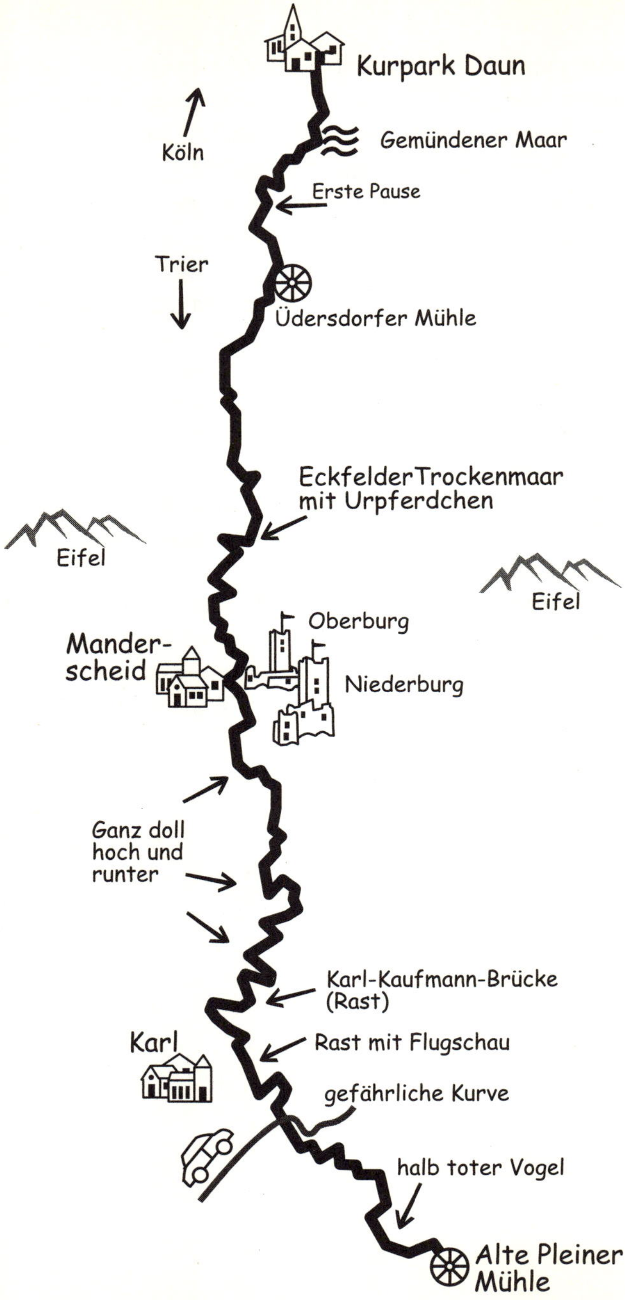
Kurpark Daun
Köln
Gemündener Maar
Erste Pause
Trier
Üdersdorfer Mühle
EckfelderTrockenmaar mit Urpferdchen
Eifel
Eifel
Oberburg
Mander-scheid
Niederburg
Ganz doll hoch und runter
Karl-Kaufmann-Brücke (Rast)
Karl
Rast mit Flugschau
gefährliche Kurve
halb toter Vogel
Alte Pleiner Mühle

Der schönste Wanderweg der Welt

Eine Zwei-Tage-Tour mit meinem Vater auf dem Lieserpfad von Daun nach Wittlich

Juni 2004

Der Lieserpfad ist der schönste Wanderweg der Eifel. Die Eifel ist das schönste Mittelgebirge Deutschlands. Deutschland ist das beste Wanderland der Welt. Also ist der Lieserpfad der schönste Wanderweg der Welt. Quod erat demonstrandum.

Sicher, man könnte das ein oder andere gegen diese Beweiskette einwenden. Aber für mich ist ja auch der Kölner Dom die schönste Kirche der Welt, der 1. FC Köln der beste Fußballverein der Welt und Kölsch das leckerste Bier. Dass ein, sagen wir mal, Franke, Südbadener oder Sachse sich eher für seine heimischen Gefilde interessiert und begeistert, ist okay. Das soll auch so sein.

Der Mann mit dem Rucksack ist mein Vater

Ich bin in Köln geboren. Und das größte zusammenhängende Waldstück Kölns ist der Königsforst, durchzogen von einem dichten Netz von Wanderwegen. Dort wurde ich auch als Kind wandermäßig sozialisiert. In meiner Erinnerung habe ich mit meinen Eltern jedes Wochenende eine Radtour oder eine Wanderung auf Waldschneisen von fünf bis acht Metern Breite durch den Königsforst gemacht. Das waren »Kaffeetanten-Wege«, wo man auf viele ältere Damen und Herren traf, die sich nach der dritten Schwarzwälder Kirschtorte einen kleinen Verdauungsspaziergang gönnten. Heute noch empfinde ich solche Waldautobahnen als Höchststrafe für jeden Wanderer. Sie sind nur im Jogging-Tempo oder auf dem Fahrrad zu ertragen. Zum Wandern sind sie eine Qual, da man schon nach kurzer Zeit ganz stumpf im Kopf wird.

Als Kind wollte ich »spannende Wege«, das genaue Gegenteil von »Kaffeetanten-Wegen«. Nicht schnurgerade, sondern verschlungen, sodass man nicht genau wusste, was einen hinter der nächsten Kurve erwartete. Ein »spannender Weg« war ein imaginierter Märchenwaldweg, wie bei Hänsel und Gretel, Rotkäppchen und Schneewittchen, wo man sich verlaufen konnte, der Wolf hinter dem nächsten Busch lauerte oder die böse Hexe.

Mit elf Jahren ging ich zur KSJ, der Katholischen Studierenden Jugend, und damit in die Eifel. Auf unterschiedlichen Eifel-Wiesen schlugen wir unsere Zeltlager auf, übernachteten in der Jugendburg Neuerburg an der Grenze zu Luxemburg oder in dem umgebauten Bahnhof von Blankenheim-Mülheim. Bei den damaligen Outdoor-Veranstaltungen wurde aber mehr im Wald rumgesessen als gewandert. Da die ersten Zigaretten und Alkohol im Alter von 14 schlecht in aller Öffentlichkeit vor den Gruppenleitern konsumiert werden konnten, gingen wir in den Wald. Im Schein der Taschenlampe tranken wir mitgebrachten Martini Bianco und rauchten dazu selbst gedrehte Zigaretten der Marke Javaanse Jongens braun. Die Folge war der erste Vollrausch meines Lebens. Und schon der Geruch von Martini Bianco schlägt mich heutzutage noch in die Flucht: frühpubertäres Alkohol-Trauma im Wald.

Seitdem rauchte ich 17 Jahre lang meine 40 bis 50 selbst gedrehten Van-Nelle-Zigaretten am Tag (ich war von Javaanse Jongens auf Van Nelle umgestiegen), bis ich es 1997 satt hatte. Ich war Anfang 30 und schnaufte bei jeder größeren körperlichen Anstrengung wie ein pensionierter Minenarbeiter. Damit sollte Schluss sein. Ohne Nikotin-Stäbchen, die Guru-Bücher von Herrn Carr oder Akupunktur gelang mir der Absprung. Wie bei vielen anderen wurde meine Ersatzdroge das Joggen. Zuerst verschaffte mir das Joggen enorme Erfolgserlebnisse. Tag für Tag wurde ich fitter. Doch mein Körper hielt mit meinem Ehrgeiz nicht Schritt. Ich bekam schnell Knieprobleme. Schwimmen als gelenkschonenden Sport fand ich immer schon öde, und so begann ich zu wandern. Ich war also wieder da angelangt, wo alles angefangen hatte: im Wald.

Die erste Wanderstrecke, die ich im Herbst 1997 ging, führte von der Bahnstation Langerwehe bei Düren nach Vossenack in der Nordeifel. Ohne Wanderkarte folgte ich 25 Kilometer lang der meist guten Markierung des

Eifelvereinhauptwanderwegs Nummer 5a durch den Hürtgenwald. Seit ich denken kann, kenne ich den Hürtgenwald aus Erzählungen meiner Mutter. Da gewesen war ich jedoch nie. Und obwohl er so nah ist, kennen auch die meisten Kölner den Hürtgenwald nicht. Dafür aber die Militärhistoriker.

Gegen Ende des Krieges war meine Mutter (Jahrgang 1936) als Kind in Vossenack untergebracht worden. Ihre Tante arbeitete dort als Hauswirtschafterin bei einer begüterten Familie, und als in Köln immer mehr Bombennächte zu überstehen waren, wurde meine Mutter 1942 nach Vossenack geschickt. Nach einer schönen ruhigen Zeit erlebte sie dort die ersten Kämpfe der letzten großen Schlachten des Zweiten Weltkriegs. Im harten Winter 1944/45 rückten die Amerikaner auf ihrem Weg nach Köln durch einen Eifelwald vor.

In den engen Schluchten blieben dann alle Panzer und Militärfahrzeuge stecken. Die amerikanischen Truppen wurden ein leichtes Ziel für die auf den Höhen postierten deutschen Scharfschützen. In Vossenack und anderen Hürtgenwald-Dörfern tobte fast ein halbes Jahr ein veritabler Partisanenkampf. Die Amerikaner verloren in der Schlacht im Hürtgenwald, bei der übrigens auch Herr Hemingway mitmischte, mehr Soldaten als im ganzen Vietnamkrieg zusammen. Es war die verlustreichste amerikanische Schlacht aller Zeiten. Ungefähr 45.000 amerikanische und 20.000 deutsche Soldaten kamen um. Meine Mutter war in einer Nacht-und-Nebel-Aktion von meinem Großvater durch die Gefechtslinien hindurch nach Köln zurück gebracht worden.

Bis heute lehnen Sägewerke Holz aus dem Hürtgenwald ab – die Gefahr ist zu groß, dass in den Baumstämmen noch Granatsplitter stecken und die Sägemaschinen kaputtmachen.

Weshalb man dort auch auf keinen Fall von den markierten Wanderwegen abweichen sollte. Auf »normalen« Wanderwegen gilt dies zum Schutz von Flora und Fauna. Im Hürtgenwald schützt man die eigene Gesundheit. Kein Mensch kann dafür bürgen, dass schon alle Minen und Bomben gefunden wurden.

Nach meiner ersten Hürtgenwald-Wanderung 1997 wollte ich diesen Weg auch einmal mit meiner Mutter gehen. Als es 2000 endlich klappte, wurde es mehr als eine schöne Mutter-Sohn-Wanderung, es war eine Reise in ihre Vergangenheit. Eine Vater-Sohn-Wanderung stand immer noch aus.

Zu seinem 67. Geburtstag schenkte ich meinem Vater ein Wander-Rundum-Erlebnis und entschied mich für den Lieserpfad. Obwohl er aus Trier stammt, war er dort noch nie gewandert. Ich war entsetzt: Mein eigener Vater kannte den schönsten Wanderweg der Welt nicht!

Der Lieserpfad ist Teil des Hauptwanderwegs 3 des Eifelvereins. Der Hauptwanderweg 3, auch Erft-Lieser-Weg genannt, verläuft über 138 Kilometer von Euskirchen bis zum Dorf Lieser an der Mosel. Das schönste Stück dieses Weges befindet sich zwischen Daun und Manderscheid (Oberer Lieserpfad) und Manderscheid und Wittlich (Unterer Lieserpfad).

Die Gesamtlänge zwischen Daun und Wittlich beträgt genau 40 Kilometer, was locker an einem Tag zu bewältigen ist. Doch ich wollte meinen Vater nicht quälen, sodass wir beschlossen, den Weg in zwei Etappen zu gehen.

Wir hatten die gemeinsame Wanderung schon zweimal verschoben. Beim ersten Termin war es zu regnerisch gewesen, den zweiten Termin musste ich absagen, da ich meinen Hochzeitstag nicht berücksichtigt hatte. Nun war es Anfang Juni, und der Wetterbericht hatte warmes bis heißes, sonniges Wetter vorhergesagt. Am liebsten hätte mein Vater auch diesen Termin verschoben, da er Hitze überhaupt nicht mag. Ich konnte ihn aber überzeugen, dass es in den Wäldern der Eifel angenehmer sein würde als in der schwülen Kölner Bucht.

Um 11:20 Uhr trafen wir uns am Kölner Hauptbahnhof, um in den Eifel-Express Richtung Trier zu steigen. Mein Vater ist kein Frühaufsteher und lässt sich morgens nicht gerne hetzen. Darauf hatte ich selbstverständlich Rücksicht genommen, schließlich war die Wanderung ein Geburtstagsgeschenk.

In Gerolstein stiegen wir um in den Bus Richtung Daun. Wir setzten uns auf die Bank vorne im Bus, hinter dem Fahrer, da mir beim Busfahren schnell übel wird. Ich war überrascht, wie höflich die einheimische Bevölkerung war. Jeder Fahrgast, egal ob jung oder alt, hat sich von uns und dem Fahrer beim Aussteigen verabschiedet. Nur in der Schweiz hatte ich bisher erlebt, dass man beim Aussteigen aus dem Bus »Ade« sagt.

Der Bus hielt direkt neben der Dauner Sprudelwasser-Fabrik. Damit befanden wir uns mitten in der Vulkaneifel. Und nach kurzer Zeit sahen wir auch schon das Gemündener Maar. Ein Maar ist, vereinfacht gesagt, ein mit Wasser voll gelaufener Vulkantrichter. Die Maare sind relativ jungen Datums. Vor 50 Millionen Jahren gab es schon einmal eine Vulkanismus-Phase, in der die höheren Eifelberge wie Hohe Acht und Nürburg entstanden sind. Die Maare dagegen sind ungefähr 13.000 Jahre alt, was bedeutet, dass die steinzeitlichen Eifelbewohner ihre Entstehung live miterleben konnten.

Heute kann man im Gemündener Maar in einem sehr schönen Natur-Freibad schwimmen. Das Wasser ist tiefschwarz und selbst im Hochsommer eisig kalt. Und etwas unheimlich. Angeblich wimmelt es nur so von Leichen am mehrere hundert Meter tiefen Grund. Strömungen und plötzlich auftretende Strudel sollen vielen Schwimmern das Leben gekostet haben. Und außerdem ist schon das ein oder andere obskure, prähistorische Wassertier gesichtet worden.

Am Gemündener Maar habe ich ein Foto von meinem Vater gemacht, und dann sind wir zügig weitergegangen. Man rastet ja nicht schon nach einer Viertelstunde!

Doch keine 45 Minuten später hatten wir Hunger. Es musste eine Bank her. Auf der ersten Bank prangte ein Messingschildchen: Gestiftet von einem langjährigen Gast aus Köln-Müngersdorf. Schau an! Hier hätten wir uns gerne hingesetzt, doch die Bank stand in der Sonne. Also, weiter. Nach einem Kilometer kam wieder so eine Sonnenbank. Das ist ja im Winter ganz schön, aber nicht in der Mittagshitze eines Junitags.

Erst in einem kleineren Nadelwaldstück entdeckten wir unsere Traumbank. Schattig gelegen mit Blick aufs Tal, allerdings wackelte die Rückenlehne, und die Sitzfläche war verdreckt. Aber wozu hatte ich den Wirtschaftsteil der Frankfurter Allgemeinen Zeitung dabei? Der Wirtschaftsteil war auseinander gefaltet

Das ist mein Vater und im Hintergrund das Gemündener Maar

schön groß und diente als praktische Sitzunterlage.

Ich packte mein Käsebrötchen aus und fing an zu essen. Neidisch blickte ich zu meinem Vater hinüber, denn er hatte picknicktechnisch viel, viel mehr zu bieten. Meine Mutter hatte ihm drei selbst gebackene Vollkornbrötchen mit vegetarischer Schmierwurst und Brie eingepackt. Außerdem gab es ein süßes Brot mit Butter, zwei gekochte Eier, einen Apfel in vier Teile geschnitten, eine Banane und Bitterschokolade, selbstverständlich fair gehandelt. Mein Vater teilte mit mir. Als wir die Reste zusammenpackten, fehlte plötzlich ein weißes Drahtbändchen. Ein Drahtbändchen, das dazu diente, die Tüte mit den Vollkornbrötchen sorgfältig zu verschließen, damit alles frisch blieb. Und bevor dieses Bändchen nicht gefunden war, konnte es nicht weitergehen. Also suchten wir. Ich habe es schließlich auf dem Wirtschaftsteil der FAZ gefunden, und wir machten uns auf Richtung Manderscheid.

Meinen Vater habe ich immer als sehr schnellen Zu-Fuß-Geher erlebt. Ob auf dem Weg zur Straßenbahn, beim sonntäglichen Kirchgang übers Feld oder zum Stadion, mein Vater raste voran. Mit 45 Jahren fing er an zu laufen. Doch kurz vor seinem ersten Marathon musste er wegen heftiger Kniebeschwerden das Laufen aufgeben. Ein Wanderer ist mein Vater aber immer noch. Ungefähr einmal im Monat nimmt er zusammen mit meiner Mutter an organisierten Wanderungen teil. Der langjährige Nachbar meiner Eltern veranstaltet seit 21 Jahren für den Kolpingverein Wanderungen durch Eifel und Bergisches Land. Die große Runde ist 14 Kilometer lang, und für die Fußkranken gibt es als Alternative einen 7-Kilometer-Weg. Meine Eltern gehören bei diesen Wanderungen immer zu den Jüngsten.

Auf dem Lieserpfad schonte sich mein Vater und zog ein gemächliches Tempo vor. Es war ihm wohl doch zu heiß. Kurz nach unserer Picknickpause erreichten wir die Üdersdorfer Mühle. Die Mühle liegt etwas abseits, und eine große Tafel direkt am Wegesrand warb für hausgemachten Apfelsaft und Wein, Hausmacher Blut- und Leberwurst, Honig aus eigener Imkerei und Rindfleisch aus eigener Zucht und Schlachtung.

Wer nicht von einer Einkehr in der Üdersdorfer Mühle überzeugt war, für den gab es ein Gedicht:

»Dein Weg ist noch drei Stunden weit
Auf deiner Tour nach Manderscheid
Erfrischung tut gewiss noch Not
Nimm Eierkost und Eifelbrot
Auch für den Durst bekommst du hier
Milch, Selterswasser, Fassbier
Dann scheint der Weg dir halb so weit
Der Lieser lang nach Manderscheid«

Schade, dass wir satt waren. Aber in dem Gedicht wurde eine absolut wichtige Gegebenheit angesprochen: Der Lieserpfad sollte nun die nächsten drei Stunden fernab jeder Zivilisation durch den Wald führen.

Auf den zehn Kilometern zwischen Üdersdorfer Mühle und Manderscheid gibt es kein einziges Haus, an dem man vorbeikommt, keine Straße verläuft parallel im Tal oder kreuzt den Wanderweg. Der Wanderer ist im Wald. Punkt. Obwohl den Lieserpfad schon Hunderttausende Wanderer überlebt haben, bleibt er immer ein kleines Abenteuer: Haben wir genug zu essen und zu trinken dabei, um es bis zum nächsten Ort zu schaffen, oder wird man meine Gebeine und die meines Erzeugers Tage später gebleicht in der Sonne finden? Da kam meine Urangst als langjähriger Karl-May-Leser durch, und in Ermangelung des Mittleren Westens musste es in der Phantasie auch die Eifel tun. Werden wir mit der Einsamkeit des Waldes fertig werden? Wir sollten nämlich bis zum Abend keinen Menschen mehr sehen. Nur an der Mühle, wo es einen Wanderparkplatz gab, trafen wir eine Gruppe von sechs Wanderern und eine sehr alte Seniorin. Doch das ist im 500-Meter-Umkreis von Wanderparkplätzen normal: Da gehen die Spaziergänger hin und her und zurück zum Auto. Außerhalb des Wanderparkplatz-Bannkreises ist man wieder allein. Ganz allein.

Ich bekenne mich auch zur Furcht vor der *bestia*, dem wilden Tier, das einem jederzeit in den üppigen germanischen Wäldern begegnen kann. Ich habe schon viele Rehe am Lieserpfad gesehen. Gut, die haben mich bisher noch nicht angegriffen. Aber es soll auch Wildschweine geben. Und wenn man unglücklicherweise zwischen eine Wildsau und deren Frischlinge gerät, überlebt der Wanderer im Zweifelsfall nicht. Und gibt es nicht wieder vermehrt Wölfe in Deutschland?

Weitere bange Fragen blieben offen: Werden wir uns verlaufen? Trotz Wanderkarte und guter Wegmarkierung weiß man ja nie. Und kommen wir ohne Verletzungen aus dem Wald heraus? Wie schnell ist man mit dem Fuß umgeknickt oder auf dem schmalen Lieserpfad abgerutscht und die Böschung hinuntergestürzt.

Eine Stunde hinter der Üdersdorfer Mühle führte ein ein Kilometer langer Weg bergan zum Eckfelder Maar. Uns war es zu heiß für einen Abstecher, also erzählte ich meinem Vater, dass das Eckfelder Maar ein Trockenmaar ist. Es enthält also seit vielen Jahrtausenden kein Wasser mehr. Der Vulkan muss ziemlich plötzlich explodiert sein, was man an der unglaublichen Anzahl an Fossilien erkennt. Leider darf man als Hinz-und-Kunz-Fossilien-Sammler dort nicht graben, da die Universität Mainz das gesamte Gebiet abgesperrt hat. Gefunden haben sie ein ungefähr 40 Zentimeter großes Urpferdchen. Diese Mini-Stute war auch noch schwanger, sodass das werdende Baby-Urfohlen erhalten ist. Durch diesen

Top-Fund konnte nachgewiesen werden, dass die winzige Stute der evolutionäre Vorfahr unserer heutigen Pferde ist.

Wir folgten weiter dem Lieserpfad und überquerten auf einer schmalen Betonbrücke den Fluss. Ich weiß nicht, ob die Lieser ein Bach oder ein kleiner Fluss ist. Irgendwie ist sie zu breit für einen Bach. Aber auf einem Fluss müsste eigentlich Schiffsverkehr stattfinden, oder? Ich nenne die Lieser einfach mal einen breiten Bach.

An diesem Junitag führte die Lieser sehr wenig Wasser. An vielen Stellen ragten kleinere und größere Steine über den Wasserspiegel hinaus. Mein Vater nannte sie »Hungersteine«, wie die berühmten sieben Hungersteine vor der Loreley, die »Sieben Jungfrauen«, die schon manches Schifferschicksal entschieden haben. Wir fragten uns, warum es Hungersteine und nicht Durststeine heißt, weil die Steine ja bei Niedrigwasser sichtbar werden.

Nach der Brücke ging es auf einem schmalen Pfad bergan mit einer Vielzahl von Blumen am Wegesrand. Gegenseitig gestanden wir uns, dass wir beide absolute botanische Nieten wären. Wir gerieten sogar ein bisschen in Streit darüber, wer denn die noch größere Niete sei. Der Praxistest musste es entscheiden.

Mein Vater erkannte die Schafgarbe. Diese Pflanze hatten sie als Kinder für die Frontsoldaten pflücken müssen, die sich daraus einen Tee machen konnten. Er identifizierte aber auch noch Klatschmohn und blaue Kornblumen. Ich wusste, was Brennnesseln sind, entdeckte einen Farn. Auch Margeriten, gelbe Butterblumen und Löwenzahn waren nicht so schwer zu bestimmen. Ging doch. Ein Unentschieden zwischen Vater und Sohn im Blumen-am-Wegesrand-Erkennen.

Der schmale Blumenpfad mündete in einen breiteren Weg. »Jetzt betreten wir den Weg zur Hölle«, sagte mein Vater. – »Hä, Hölle?« – Anscheinend brauchte ich eine Nachhilfestunde in katholischer Heils- und Erlösungslehre: Der breite, bequeme Weg ist der Weg der Laster und Sünde und führt direkt in die Hölle, der schmale, entbehrungsreiche, krumme, dornige, anstrengende und steinige Weg aber ins Himmelreich. Vielleicht ist das der tiefere Grund für meine Affinität zu schmalen, gewundenen Pfaden: mein tief verwurzelter rheinischer Katholizismus. Ich möchte eben in den Himmel kommen.

Wir hatten nun keine Wahl und mussten über den Höllenweg gehen. Nach einer halben Stunde erreichten wir eine große, offene Wiesenfläche, die so genannte Hahnerfläch. An der Hahnerfläch-Wanderhütte stand auf einem Zettel mit amtlichem Stempel, dass die Hütte vom Eifelverein für den 6. September 2004 zwischen 12:30 Uhr und 14:00 Uhr für eine 30-köpfige Wandergruppe reserviert worden war. Wir notierten uns das, um Bescheid zu wissen.

Von hier war es nicht mehr weit nach Manderscheid. Schon zwei Kilometer später sahen wir den Kirchturm und die beiden Burgen. Jetzt mussten wir nur noch an der Pension Garni »Burgenblick« vorbei und standen fünf Minuten später auf dem Rathausvorplatz. Genau an der Stelle, an der ich schon mal den Manderscheider Rosenmontagszug gesehen habe.

Eigentlich wollte ich mit meiner Familie 1999 keinen

Karneval feiern. Ich hatte Manderscheid als Kurzurlaubsziel ausgewählt, da dort die meisten Hauptwanderwege der Eifel zusammentreffen. Experten sprechen in diesem Zusammenhang auch von »Wanderscheid«.

Doch auch in der Eifel wurde Karneval gefeiert. Und wie! Die Zugstrecke war zwar nur 400 Meter lang. Trotzdem dauerte der Zug über eine Stunde, da er sich sehr langsam vorwärts bewegte. In der Eifel werden nämlich keine Kamelle geschmissen. Dort gibt es für die Zuschauer am Wegesrand Schnaps. Genever, Baileys, Whiskey, Wodka, Jägermeister, Cognac, alles wird abwechselnd in kleine Plastik-Schnapsgläschen geschüttet, sodass alle Jecken nach einer Stunde abgefüllt sind.

Dass ich immer wieder gerne nach Manderscheid fahre, liegt gewiss nicht an seinem Karnevalszug. Es sind vielmehr die großartigen Wanderwege rund um die Stadt, Wanderwege mit Wasserfällen und gefährlichen Wolfsschluchten. Vom Steinrondell Belvedere hat man einen atemberaubenden Blick über das Tal der Lieser und die Burgen. (Den fand schon Kaiser Wilhelm II. gut, allerdings ist er nicht dort hingewandert, sondern war bequem mit der Kutsche unterwegs.)

In Manderscheid findet man sehr gute Unterkünfte, wie den »Kapellenhof« der Familie Krämer, der mehrfach als Ferien-Bauernhof des Jahres ausgezeichnet wurde, oder das Hotel »Zens« mit Hallenbad und Sauna, das einen urigen Eifel-Charme versprüht. Dort habe ich mit meinem Vater am Abend unserer ersten Etappe übernachtet. Aber Vorsicht: Dieses Hotel hatte ich unter der Rubrik »Kleine Fluchten« schon einmal in einer Frauenzeitschrift empfohlen. Danach hat sich eine Frau bitter beschwert, wie ich denn so ein Hotel empfehlen könne. Da hätten in der Nachbarschaft Kinder geschrien. Empfehlungen sind nun mal Geschmackssache.

Trotzdem möchte ich die Manderscheider Küche erwähnen. Im Eifel-Vergleich ist sie sensationell. Mein Favorit ist die neudeutsche Kochkunst in der »Alten Molkerei«. Hier wird mit Zutaten aus der Umgebung gekocht, und dazu gibt es tolle Weine aus dem Liesertal zwischen Wittlich und der Mosel. Leider hatte die »Alte Molkerei« Ruhetag, als ich mit meinem Vater da war. Dafür haben wir sehr lecker im »Postillion« gegessen. Die Wirtsfrau hatte erstaunlicherweise einen leicht hessischen Zungenschlag. Sie führte das Restaurant zusammen mit ihrem Mann bereits 33 Jahre und suchte nun einen Nachfolger. In drei bis vier Jahren sei Schluss, sagte sie, und die Kinder wollten oder konnten das Restaurant nicht übernehmen. Sie erzählte, dass die meisten Wanderer im Herbst kämen. Im Frühling und Frühsommer bei bestem Wanderwetter fände kaum einer hierher. Damit bestätigte sie unseren Eindruck, wie wenig auf dem Weg los war und dass wir uns für die beste Wanderzeit entschieden hatten, wenn man keine vollen Wanderwege mag.

Darüber hinaus hat Manderscheid ein herrliches Freibad, das 1965 eröffnet wurde und immer noch top in Schuss ist. Das Drei-Meter-Sprungbrett ist in satten Blau- und Rotfarben gestrichen und seit fast 40 Jahren unverändert. Genauso sahen die Freibäder meiner Kindheit aus, ohne Rutschen-Schnickschnack und Spaßbad-Faktor. Dieses Freibad ist ein Freibad-Freilichtmuseum, eine Zeitreise in die Vergangenheit.

Ein »richtiges« Museum besitzt Manderscheid aber auch: das Maarmuseum, wo das Urpferdchen vom Eckfelder Maar ausgestellt ist und in einer Rüttelmaschine der Ausbruch eines Vulkans nachempfunden wird. Sehr gefühlsecht.

Aber es sind die Burgen, die Manderscheid so unverwechselbar machen. Am zweiten Tag gingen wir morgens vom Hotel »Zens« aus den Lieserpfad weiter, und nach kaum zehn Minuten waren die beiden Burgen bereits zu sehen. Ich machte ein Foto, wie jedes Mal, wenn ich an diese Stelle kam. Ich hätte mir auch eine Postkarte kaufen können, denn dieser Blick auf die beiden Burgen ist der Motivklassiker von Manderscheid.

Mir ist weltweit kein ähnlicher Fall bekannt, dass sich zwei Burgen auf derart kurzer Distanz belauern. Die ältere Burg ist die Oberburg, die, wie der Name schon sagt, auf einer Bergkuppe hoch über der Lieser liegt. Später gebaut wurde die Niederburg, die sich über einzelne Terrassen den Hang hinaufzieht. Die Gewalt über die Burgen wechselte oft. Meist war die Oberburg in der Hand des Erzbischofs von Trier, und die Niederburg gehörte zum Herzogtum Luxemburg. Diese beiden Machtblöcke bekämpften sich jahrhundertelang, und in Manderscheid lag sozusagen der Eifeler Checkpoint Charlie.

Die ganze Gegend war über 500 Jahre bis zum Wiener Kongress 1815 luxemburgisch. Luxemburgisch zu sein hieß aber nicht, auch wirklich Luxemburg zu gehören. So ein Herzogtum wurde ja auch öfter mal verpfändet, verliehen und erobert. So kam Manderscheid erst an Burgund, dann an die spanische Niederlande, dann an Frankreich, an Spanien, wieder an Frankreich und

Ein Motiv, das es auch als Postkarte gibt

schließlich an Österreich. Multikulti und total globalisiert im Herzen der Eifel.

Der Lieserpfad war nun in den felsigen Abhang auf halber Höhe zwischen Tal und Berghöhe gehauen. An der linken Seite fiel der Hang hundert Meter zum Bach hinab, teilweise durch Holzgeländer abgesichert. An der rechten Seite ging es steil den Berg hinauf. Auf den ersten Kilometern standen Wanderhütten im Zehn-Minuten-Abstand für die vielen Spaziergänger der Gegend. Wir gingen gut eine Stunde bis zur Hütte Weifelsjunk, wo wir wegen der Hitze eine Pause machten. Bis dahin war der Weg wunderbar gewesen. Ein schmaler Traumwanderweg. Danach erwartete uns der erste größere Anstieg. Der obere Lieserpfad verläuft ziemlich auf gleicher Höhe, während das Profil des unteren Lieserpfades wesentlich welliger ist. Dreimal muss ein Höhenunterschied von ungefähr 150 Metern überwunden werden, die schmalen Wege führten in steilen Kehren den Berg hinauf. Oben angekommen erwartete uns ein traumhafter Blick über das Liesertal und eine frisch geharkte Fläche, wo dereinst – wie ich von früheren Wanderungen wusste – eine Bank gestanden hatte. Was das Schicksal dieser Bank an exponierter Stelle gewesen war, vermag ich nur zu vermuten. Altersschwäche, Vandalismus, Holzwurm? (Liebe Lieserpfad-Wanderbank-Aufsteller! Egal, was der Grund war, diese Bank zu entfernen, bitte stellt wieder eine neue Bank dahin, damit der vom Aufstieg müde Wanderer den Blick übers Tal in Ruhe genießen kann.)

Wir machten unsere große Pause erst, als wir die Lieser an der Karl-Kaufmann-Brücke überquert hatten. Leider war auch hier keine Bank vorhanden, sodass wir uns auf den Brückenstufen niederließen. Mein Vater erzählte, dass sein erster Klassenlehrer am Trierer Max-Planck-Gymnasium auch Lieser geheißen habe. Und der Herr Lieser sei als führendes Eifelvereins-Mitglied ein richtiger Wandervogel gewesen und habe mit seiner Klasse so manche Wanderung im Trierer Umland unternommen.

Mit seinen Eltern ist mein Vater eigentlich nie gewandert. Sie besaßen ein Füllfederhalter-Spezialgeschäft in der Trierer Innenstadt und hatten wenig Zeit. Manchmal kam aber Onkel Gusti aus Bergisch Gladbach zu Besuch. Hin und wieder fuhr er zu seiner Schwester nach Trier und ging mit meinem Vater und seinen beiden Geschwistern wandern. Onkel Gusti mochte das

Wandern, hatte es aber während der Pausen gerne gemütlich. Doch die Kinder hatten Hummeln in der Hose und wollten lieber weitergehen. Onkel Gusti sagte dann: »Jetzt bleibt doch erst mal sitzen und trinkt in Ruhe eure Limo.« Das ist heute anders, da wollen die Onkel wandern, und die Kinder haben keine Lust dazu.

Für meinen Vater war der folgende Teil des Weges der eigentliche Höhepunkt der Wanderung. Immer wieder genoss er die herrlichen Ausblicke. Nach dem zweiten größeren Berg gingen wir durch ein naturbelassenes Seitental der Lieser, das mit seinen umgestürzten Bäumen und meterhohem Farn an einen Regenwald erinnerte. Nach dem Regenwald-Trail machten wir Rast auf einer Bank unterhalb der Ortschaft Karl. Genau: Karl. Das Dorf heißt nicht Franz, Heinz oder Willi, sondern Karl. Während wir auf der Bank saßen, bekamen wir eine Eifel-Düsenjäger-Show geboten. Die Eifel ist wie viele andere deutsche Mittelgebirge nicht nur Wanderparadies, sondern vor allem Militärzone. Nach dem schrittweisen Abzug der Amerikaner sind es aber nur noch deutsche Düsenjäger, die hier für den Ernstfall üben.

Direkt über unseren Köpfen flogen zwei Düsenjäger mal einzeln, mal im Formationsflug, mal donnernd schnell und laut, mal summend leise und langsam, mal geradeaus, mal sich in die Kurve legend – eine perfekte Flugschau.

Langsam wurde es zu steil für meinen Vater, besonders der Abstieg hinunter Richtung Landstraße. »Majusebedda«, fluchte er, »das ist hier aber gar nicht gut für Venen und Gelenke.« »Majusebedda« ist ein Stoßgebet aus dem Trierer Raum. Die Kurzform »Maju« gebraucht man, wenn nicht so viel Zeit ist. »Majusebedda« steht für Maria, Josef und Peter. Es werden also die Eltern des Heilands und der Stadtpatron Triers, der heilige Petrus, angerufen, um den Verdruss in kritischen Situationen des Lebens zu lindern.

Und das »Majusebedda« half. Der Weg verlief von nun an angenehm auf halber Höhe zwischen Tal und Bergkamm. Erst zwölf Kilometer hinter Manderscheid stießen wir auf das erste Anzeichen von Zivilisation. Wir erreichten die Landstraße 60. Wir mussten ungefähr 300 Meter an der Straße entlanggehen. Wir liefen auf der rechten Fahrbahnseite, weil der Lieserpfad auch von dort abzweigen sollte. Das war gegen die Vorschrift, da man auf Landstraßen ohne Bürgersteig immer links gehen soll. Es rettete uns aber das Leben. Ein sichtbar geisteskranker Eifeleinwohner in einem roten Golf raste mit ungefähr 120 Stundenkilometer durch die lang gezogene Kurve. Er nahm sie jedoch so eng, dass wir auf der linken Seite Matsch gewesen wären.

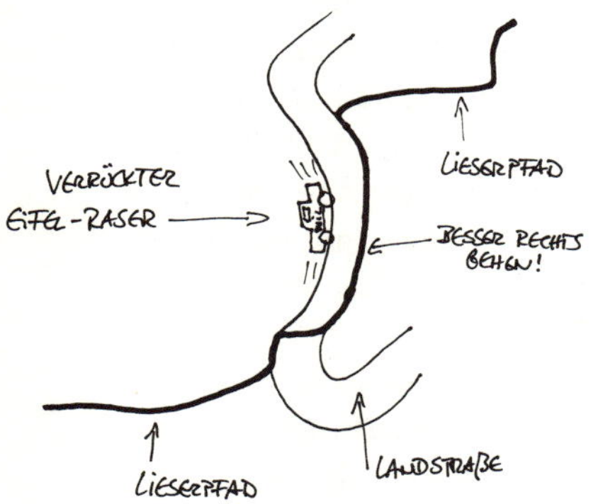

Der irre Autoraser hatte ein Wittlicher Kennzeichen (WIL). Bei meinen Wanderungen achte ich immer auf die Autokennzeichen der Orte, die ich durchquere. Die Wanderung mit meinem Vater war in DAU gestartet, die

Fast wären wir von einem kranken Eifel-Raser überfahren worden

Grenze zu WIL hatten wir schon kurz vor Manderscheid durchbrochen. Zwei Autokennzeichen-Regionen sind fast ein Muss, aber besonders stolz bin ich auf Touren, die drei Autokennzeichen entsprechen.

Nach der Landstraße ging es ruhig weiter, und mein Vater und ich hingen unseren Gedanken nach, obwohl zumindest in meinem Kopf meist überhaupt kein Gedanke war. Oft fragt dann der Partner: »Schatz, woran denkst du?« – »An nichts.« Und das stimmt sehr, sehr oft.

Kurz vor unserem Ziel versuchten wir, schon einmal ein Resümee des Tages zu ziehen. Wie Fußballreporter kurz vor Ende der Spielzeit das gesamte Spielgeschehen vom Ergebnis her kommentieren. »Das zeichnete sich frühzeitig ab«, »dieses Ergebnis geht auch in dieser Höhe in Ordnung«.

Dem letzten Abschnitt bescheinigte mein Vater Wellness-Charakter, und so lautete das vorläufige Fazit: Das war ein Wanderprofil Marke »Qual & Meditation«, erst Muckibude, dann Wellness, erst Intervalltraining, dann lockeres Auslaufen.

Ich geriet noch in eine größere moralische Zwickmühle. Am Wegesrand lag ein Bilderbuch-Vogelnest, aus kleinen Zweigen zusammengebastelt. Zwei kleine Vögel lagen in dem Nest und waren tot. Neben dem Nest lag ein weiteres Küken im Todeskampf und zuckte mit den kleinen Beinchen. Sollte ich jetzt einfach weitergehen oder das Leid des Vögelchens durch einen beherzten Hieb mit einem Stein beenden? Ich blieb tatenlos und ging einfach weiter. Die Szene verfolgte mich aber noch einige Tage. Ich fragte einige geschätzte Moralinstitutionen in meinem Umfeld. Alle verurteilten mein Weitergehen. Natürlich hätte ich dem Vogel den Gnadenstoß geben müssen. Aber meine Moralinstanzen hätten es auf Nachfrage wohl auch nicht geschafft, wirklich zuzuschlagen. Ich nahm mir vor, bei einem eventuellen nächsten Mal beherzter zu handeln.

18 Kilometer hinter Manderscheid stießen wir auf das erste Hinweisschild der Gaststätte »Alte Pleiner Mühle«. Wir verließen den Lieserpfad, um einzukehren. Am lauschigen Bach gönnten wir uns einen kühlen Käsekuchen (Vater) und eine köstliche Tomatensuppe (ich). Wir beschlossen, dass der Restweg nach Wittlich (es wären noch sechs Kilometer gewesen) das heute Erlebte nicht mehr toppen würde. Außerdem hätten wir durch das Weiterwandern den Intercity nach Köln verpasst. (Im eigenen Interesse eine Bitte an alle Lieserpfad-Wanderer: Unbedingt in der »Alten Pleiner Mühle« einkehren! Nicht dass die Eigentümer mangels Umsatz dichtmachen müssen und ich da kein Bier mehr trinken kann! Danke!)

Ich bat den Wirt der »Alten Pleiner Mühle«, uns ein Taxi zu bestellen. In einer Gaststätte wissen sie, wo man anrufen muss, ansonsten kann es ganz schön lange dauern, bis man herausgefunden hat, in welchem Dorf und unter welcher Telefonnummer es überhaupt ein Taxi gibt. Verzögerungen können sich immer noch ergeben, wenn der Taxifahrer gerade bei Tisch ist oder schnell noch die Kühe melken muss. Denn oft wird in ländlichen Gegenden das Taxifahren als Nebenerwerbsquelle betrieben. Man sollte auch immer nachfragen, woher der Taxifahrer kommt und wie hoch die Anfahrtskosten sind. Ich habe schon erlebt, dass auf der Taxiuhr schon 15 Euro standen, ohne dass man einen einzigen Kilometer zurückgelegt hatte. In einem solchen Fall lässt der gute Mann das Taxometer von dem Augenblick an laufen, in dem er losfährt – »Anfahrtskosten, Sportsfreund!«. Da helfen keine Proteste, es fehlt schlicht die Alternative. Aber meiner Meinung nach ist das ein klarer Fall fürs Kartellamt, da hier arme Wanderer von ländlichen Taxifahrern mit Monopolstellung ausgebeutet werden.

Der Wittlicher Taxifahrer führte nichts Böses im Schilde und fuhr uns zum Wittlicher Hauptbahnhof, der an der Bahnstrecke Trier-Koblenz liegt. Wir erreichten bequem den Intercity nach Köln und genossen die Fahrt entlang Mosel und Rhein. Mein Vater ist nicht der Typ, der mir am Schluss unserer Wanderung um den Hals gefallen wäre, um mir für die beiden Wandertage mit blumigen Worten zu danken. Ich hatte aber schon das Gefühl, dass es ihm gefallen hat.

Eine Woche später erzählten mir dann meine Mutter und meine Tante Herti, dass mein Vater noch tagelang von der Wandertour geschwärmt habe. Da habe ich mich sehr gefreut.

1. Tag	
Wegstrecke:	15 Kilometer
Wanderzeit brutto:	4 Stunden, 58 Minuten
Wanderzeit netto:	4 Stunden, 5 Minuten
WDG:	3,67 km/h
2. Tag	
Wegstrecke:	18 Kilometer
Wanderzeit brutto:	6 Stunden, 9 Minuten
Wanderzeit netto:	5 Stunden, 4 Minuten
WDG:	3,55 km/h
Autokennzeichen:	Von DAU (Kreis Daun) nach WIL (Kreis Wittlich)
Wanderkarten:	Daun, Rund um die Kraterseen. Wanderkarte Nr. 20 des Eifelvereins, 1:25.000, Vulkaneifel um Manderscheid. Wanderkarte Nr. 20a des Eifelvereins, 1:25.000
Das Bier der Region:	Bitburger Pils
Höchster Punkt der Wanderung:	450 m (Gemündener Maar)
Niedrigster Punkt der Wanderung:	199 m (Alte Pleiner Mühle)

Der Plan

Es gibt spontane Menschen und Planer. Ich bin Planer. Ich würde niemals einen Supermarkt ohne Einkaufszettel betreten. Ich muss mir zu Hause genau überlegt haben, was es einzukaufen gilt. Auch ein Feier- oder Ferientag ohne genaue Planung ist mir ein Gräuel. Ein »Ist das herrlich, mal einfach in den Tag hineinzuleben« würde mir nie über die Lippen kommen.

Und genauso plane ich meine Wanderungen weitgehend minutiös. Ich setze mich mit meinen Arbeitsmaterialien, Wanderführer, Wanderkarten, Kilometerrädchen und Kursbuch, an den großen Esstisch und starte generalstabsmäßig die Vorbereitung. Diese Planungen, die sich über mehrere Abende hinziehen können, sind mir keine lästige Pflicht. Nein, der Wanderplan ist für mich ein eigenständiges sinnliches Unterfangen, fast so schön wie die eigentliche Wanderung. Ich halte es mit Hugo von Hofmannsthal, der schrieb: »Ich habe gehört, dass in den Gefangenenhäusern keines von den erlaubten Büchern so sehnlich verlangt wird als eine Wanderkarte. Seine Finger auf einer Landkarte wandern zu lassen, das ist der spannendste Abenteuerroman.«

Dabei erstelle ich keineswegs einen Fünfjahresplan, der dann abgearbeitet und abgewandert werden muss. Es gibt einen Fundus von Wandertouren, die ich noch einmal oder zum ersten Mal wandern möchte. Aber die Entscheidung, welche Tour als Nächstes dran ist, erfolgt meist kurzfristig.

Der erste Schritt besteht in einer guten Recherche. Wenn ich eine ungefähre Idee habe, wohin es gehen soll, besorge ich mir die Wanderführer und -karten der Gegend. Aus einer Mischung von Wanderwegbeschreibung und Ansicht der Karte entsteht ein erster Entwurf der Route.

Ob man einen Wanderführer braucht, kommt darauf an, wo man wandern möchte. Im weit verzweigten Wandergebiet der Sächsischen Schweiz ist ein Führer sinnvoll. Er nimmt einem die Arbeit ab, bestimmte Touren auszutüfteln. Dort gibt es nämlich keine ausgeprägten Weitwanderwege, wie etwa der Rothaarsteig mit einer Länge von 154 Kilometern oder der Hermannsweg, der insgesamt 165 Kilometer umfasst. Für diese Wege brauche ich keinen Wanderführer, um mir ein schönes Teilstück auszusuchen. Für das Elbsandsteingebirge empfiehlt es sich dagegen, einen der zahlreichen Wanderführer zu Rate zu ziehen. Man muss sich dann nur noch entscheiden, welcher Stil einem am besten gefällt. Ob das unpersönliche »man« der Reihe »dumont aktiv« – »Nach links über einen Bohlenweg und über Felstrümmer durchschreitet man diese Lücke zwischen den Felsen« – oder das persönlichere »Wir«-Gefühl aus »Wandern kompakt«: »Von der Schrammsteinaussicht gehen wir zurück und wenden uns dem Gratweg zu. Wir folgen ihm über Metalltreppen und Leitern«.

Aber egal ob kühles »man« oder kumpeliges »wir«, vor Ort schaue ich in eine Wanderkarte. Dann weiß ich, wo ich langgehen muss. Wanderführer sind gut für die Vorbereitung und für einen ersten Eindruck, unterwegs und nach Ansicht der Wanderkarte ändert sich die Route schon mal.

Erst im Laufe der Zeit haben sich meine Ansprüche an einen Wanderweg entwickelt. Heute gibt es für mich einige Qualitätskriterien, die einen richtig guten Wanderweg ausmachen:

Erreichbarkeit

Für Autofahrer stellt sich dieses Problem nicht so wie für den Bahnfahrer. Ich gehöre allerdings zu den führerscheinlosen Verkehrsteilnehmern, und somit ist für mich ein Bahnhof als Ausgangspunkt unverzichtbar. Zur Not tut es auch eine Busverbindung. Daher gehört zu meinem meistgenutzten Nachschlagewerk, neben Brockhaus und Diercke-Weltatlas, die 8-bändige, 5,2 Kilo schwere Gesamtausgabe der Deutschen Bahn im praktischen Pappschuber. Im Kursbuch eröffnen sich die wahren Zeit- und Entfernungsdimensionen einer Zugfahrt.

Ein Beispiel: Um auf dem Rothaarsteig zu wandern, kann man verschiedene Bahnhöfe ansteuern: Brilon Wald, Winterberg, Lützel, Dillbrecht oder Dillenburg. Von all diesen Bahnhöfen gelangt man in höchstens einer halben Stunde auf den Wanderweg. Aber es liegen bis zu 120 Kilometer zwischen den einzelnen Orten. Also sollte ich tunlichst festlegen, wie lange die Strecke meiner Wanderung eigentlich sein soll.

Länge der Wege

Zunächst ist es natürlich wichtig zu wissen, ob man eine Tagestour oder eine mehrtägige Wanderung unternehmen möchte. Aber auch andere Variablen sind wichtig: Wenn ich früh aufstehe, kann ich mehr am Tag schaffen, wenn ich im Sommer unterwegs bin, kann ich bis in den Abend hinein wandern. Gehe ich allein, kann ich mein Tempo selber bestimmen. Gehe ich zu zweit oder in einer größeren Gruppe, muss ich auf die anderen Rücksicht nehmen. Was kann ich den anderen wirklich zumuten? Die Kenntnis meiner persönlichen WDG oder die meiner Mitwanderer entscheidet, ob die Tagesetappe 20, 30 oder 40 Kilometer lang sein kann.

WDG, was soll das denn heißen, Wohnduschgemeinschaft? Nein, WDG ist die Wanderdurchschnittsgeschwindigkeit. Die WDG errechnet sich aus den gelaufenen Kilometern und der dafür benötigten Zeit. Dafür merkt man sich zunächst die Zeit vom Anfang bis zum Ende der Wanderung. Das sind zum Beispiel acht Stunden. Das ist dann die Wander-Bruttozeit. Jetzt hat man aber während dieser acht Stunden drei Burgen besichtigt und zweimal längere Vesperpausen gemacht. Die Zeit für diese Pausen muss von der Bruttozeit abgezogen werden, sodass fünf Stunden Wander-Nettozeit übrig bleiben. Ist man 20 Kilometer an diesem Tag gewandert, teilt man 20 durch die Wander-Nettozeit von 5 Stunden, und schon erhält man eine WDG von 4 km/h. Für mathematisch Interessierte nochmal als Formel:

$$\text{WDG} = \frac{\text{gelaufene Kilometer}}{\text{Netto-Wanderzeit}}$$

4 km/h ist eine typische WDG für eine Gruppenwanderung. Bei einer sportlichen Solo-Wanderung liegt meine WDG um die 5,5 km/h. Aber die WDG ist nicht alleine eine Zahlenspielerei für die persönliche Bestenliste, sondern ist im Vorfeld jeder Wanderung entscheidend.

Die Länge des verschlungenen und gezackten Wanderweges auf der Karte ermittle ich mit einem Kilometerrädchen, wie man es im gut sortierten Wanderkarten-Fachhandel bekommt. An einem Stil zum Anfassen bewegt man das kleine Rädchen am Weg entlang. Ein großer Zeiger gibt je nach Maßstab die zu laufenden Kilometer an.

Oft stimmen die errädelten Kilometer zwischen dem geplanten Ausgangs- und Endpunkt nicht mit dem geplanten Tourziel überein. Die 56 Kilometer zwischen Winterberg und Lützel am Rothaarsteig sind wohl doch etwas zu lang für einen Tag, dagegen könnten mich die 29 Kilometer zwischen Winterberg und Brilon Wald unterfordern. In solchen Fällen muss man dann auf Alternativrouten ausweichen, oder ich streiche den Bahnhof als Endpunkt meiner Tour zugunsten einer Ortschaft mit einer Gaststätte, in der man sich ein Taxi zum nächsten Bahnhof rufen lassen kann. Genug Taxigeld sollte man in deutschen Mittelgebirgen immer bei sich haben, denn die nächste Bus- oder Bahnhaltestelle kann sehr, sehr weit entfernt sein.

Hotels und Gaststätten am Weg

Bei einer mehrtägigen Wanderung gehört auch die Suche eines Hotels zur Planung. Da man sich nicht darauf verlassen kann, dass in einer größeren Ortschaft auch wirklich eine Übernachtungsmöglichkeit besteht, schaue ich im Internet nach. Selbst die kleinste Pension in Deutschland ist von den örtlichen Fremdenverkehrsverbänden erfasst, und erstaunlich viele haben sogar eigene Webseiten, auf denen eine Fotogalerie das zu erwartende

Ambiente einfängt. Unter www.hotel-forellenzucht.de informierte ich mich zum Beispiel vor der zweitägigen Wanderung mit meinen Kindern im Hunsrück. Dort entdeckte ich die hübsch gestickten Blumenbilder in den Zimmern, ein Luftbild des Hotels zeigte mir die Lage. Außerdem war die hoteleigene Tischtennisplatte zu sehen sowie der Billardtisch im Frühstücksraum, auf dem morgens das Frühstücksbüffet aufgebaut wird. Manchmal gibt es auch ein Bild der Wirtsfamilie und der Speisekarte. Vorfreude ist die schönste Freude.

Wenn man nicht größere Mengen Proviant mitnehmen möchte, empfiehlt es sich, Restaurants am Wegesrand aufzusuchen. Doch man sollte vorher durch Karten-, Wanderführer- und Internetstudium sichergehen, dass eine Einkehrmöglichkeit zur Mittagszeit besteht. Es schadet auch nicht, sich vorher nochmals telefonisch über mögliche Öffnungs- und Ferienzeiten der Restaurants zu informieren. Das versäume ich meistens und stehe häufig genug vor verschlossenen Türen.

Stil des Weges

Wanderwege sind wie Kleidungsstücke. Die einen passen, die anderen nicht. Es gibt Klamotten für den Sommer und für den Winter. Was dem einen steht, sieht an dem anderen unmöglich aus. Manchmal ist man in der Stimmung für etwas Gewagtes, mal bevorzugt man gedecktere Farben. Daher sollte man bei der Planung einer Wanderung viel Wert auf den Stil des Weges legen.

Der Wanderfreund kann zwischen Höhen-, Tal-, Kletter-, Wald-, Feldwegen und Dorf-Durchwanderungswegen wählen.

Ich war jahrelang eher der Talwege-Typ, war also wanderwegmäßig etwas einseitig veranlagt.

Wenn ein Wanderweg in der Wanderkarte so

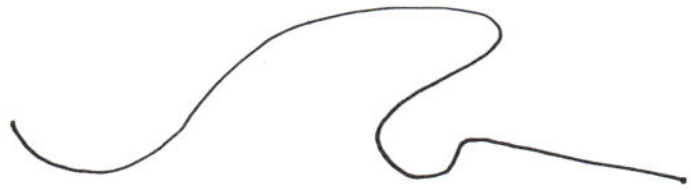

verläuft, kann man sich sicher sein, dass es sich um einen Talweg an einem kleinen Bach entlang handelt. Sieht er wie folgt aus,

muss man in Kehren bergab oder bergauf kraxeln. Manchmal habe ich zu so einer Kraxelei Lust. Meistens nicht. Häufig kommt es auch vor, dass ich noch am Morgen der Wanderung meine ursprünglichen Pläne über Bord werfe und einen stilistisch anderen Wanderweg wähle, weil mir der Sinn nach etwas anderem steht.

Eines weiß ich jedoch sicher: Ich verachte Rundwanderwege. Rundwanderwege sind Autofahrerwege. Erst fährt der Naturfreund mit dem Auto auf den (Wander-)Parkplatz. Dann will er am Ende natürlich wieder am Auto landen, um gemütlich nach Hause zu fahren. Das ist nichts für mich.

Rundwanderwege sind zu kurz. Die meisten Wanderführer bieten zu 90 Prozent Rundwanderwege an, die zwischen 4 und 12 Kilometer lang sind. Und was soll man dann nachmittags machen?

Rundwanderwege sind zu eintönig. In den seltensten Fällen gelingt es, ohne eine Überschneidung den Weg wieder zum Ausgangspunkt zurückzuführen. So ist man gezwungen, die ersten Kilometer auf dem Rückweg wieder zu passieren. Dadurch erhalten Rundwanderwege die Form eines Luftballons anstelle eines Kreises, sind also gar nicht richtig rund.

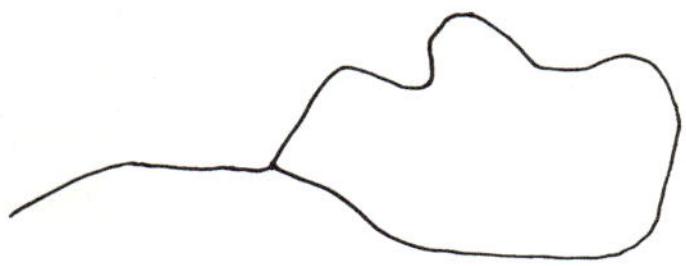

Und diese Luftballonwanderwege sind noch verachtenswerter als Rundwanderwege.

Rundwanderwege sind unflexibel. Was ist, wenn der Weg dem einzelnen Wanderer zu kurz oder zu lang ist? Keine Chance. Die Rundwanderung ist festgelegt. Es gibt keine Erweiterungs- oder Abkürzungsmöglichkeiten wie bei einer Streckenwanderung.

Rückschlüsse auf den Stil des Weges lassen auch die Farben auf einer Wanderkarte zu. Klar. Wenn es grün wird, geht es durch den Wald. Und wenn es hell ist, führt der Weg über Felder. Abgesehen davon, dass es auch hier Geschmackssache ist, was man bevorzugt, gibt es klare jahreszeitliche Vor- und Nachteile. Genauso wie es im Sommer zu warm für den Pelzmantel ist, kann ein kilometerlanger Feldweg in der sengenden Juli-Hitze ordentlich auf die Wanderstimmung drücken. Da ist hingegen das kühlende Kleid des Waldes wie ein Kopfsprung in einen kalten Gebirgssee. Im Winter dagegen ist es im Wald schnell bitterkalt, während draußen in der Flur die Wintersonne wärmen kann.

Führung des Wanderwegs

Wenn ich mich für einen Wanderweg-Stil entschieden habe, muss ich noch genau überprüfen, ob der Wanderweg auch gut geführt ist. Gute Führung bei einem Wanderweg hat nichts mit wohlfeilem Verhalten im Gefängnis zu tun. „Gute Führung“ ist Wanderdeutsch. Und für einen gut geführten Weg gibt es einige Kriterien.

Oft verläuft der im Wanderführer hochgelobte Weg kilometerlang so:

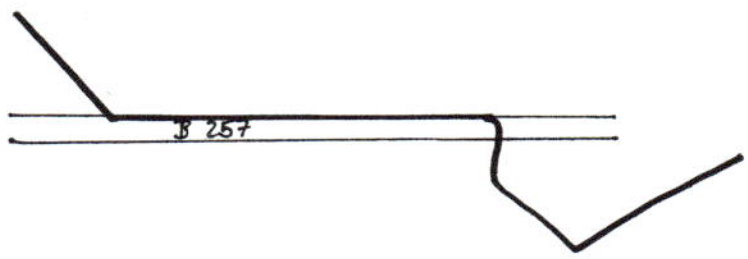

Höchststrafe! Nicht gehen! Ein Wanderweg entlang einer Bundesstraße ist kein Wanderweg, sondern ein Selbstmordprogramm. Auch Landstraßen sind zu meiden. Bei Kreisstraßen kann man anfangen zu diskutieren. Aber auch auf selten befahrenen Straßen stundenlang über Asphalt zu gehen ist nicht erfreulich. Mangelhaft bis ungenügend.

Das Gleiche gilt für solche Strecken:

Auf den ersten Blick kann es auf der Wanderkarte toll aussehen, wie ein solcher Weg sich durch Feld und Wald zieht. Es handelt sich aber um einen asphaltierten Wirtschaftsweg. Unromantisch. Gerade noch ausreichend.

Der gute Wanderweg sollte mindestens über Wege geführt werden, die so

oder so

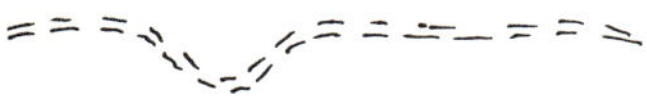

oder auch so

auf der Wanderkarte verzeichnet sind. Das sind alles nicht asphaltierte, breitere Forst- und Wirtschaftswege. Teilweise sind sie aber immer noch drei bis vier Meter breit. Gut bis befriedigend.

Die sehr guten Wanderwege sind so markiert:

Es handelt sich um schmale Pfade, um ausschließliche Fußwege, die auch nur die Fortbewegungsart »Gehen« zulassen. Das sind die eigentlichen Wanderwege.

Wenn dann im Idealfall alles bedacht ist, der Weg fixiert, die Bahnverbindung herausgesucht, der Tisch im Restaurant reserviert und das Hotelbett gebucht ist, ist er fertig, der Plan. Und dann kann die Wanderung beginnen. Und dann kommt sowieso alles ganz anders.

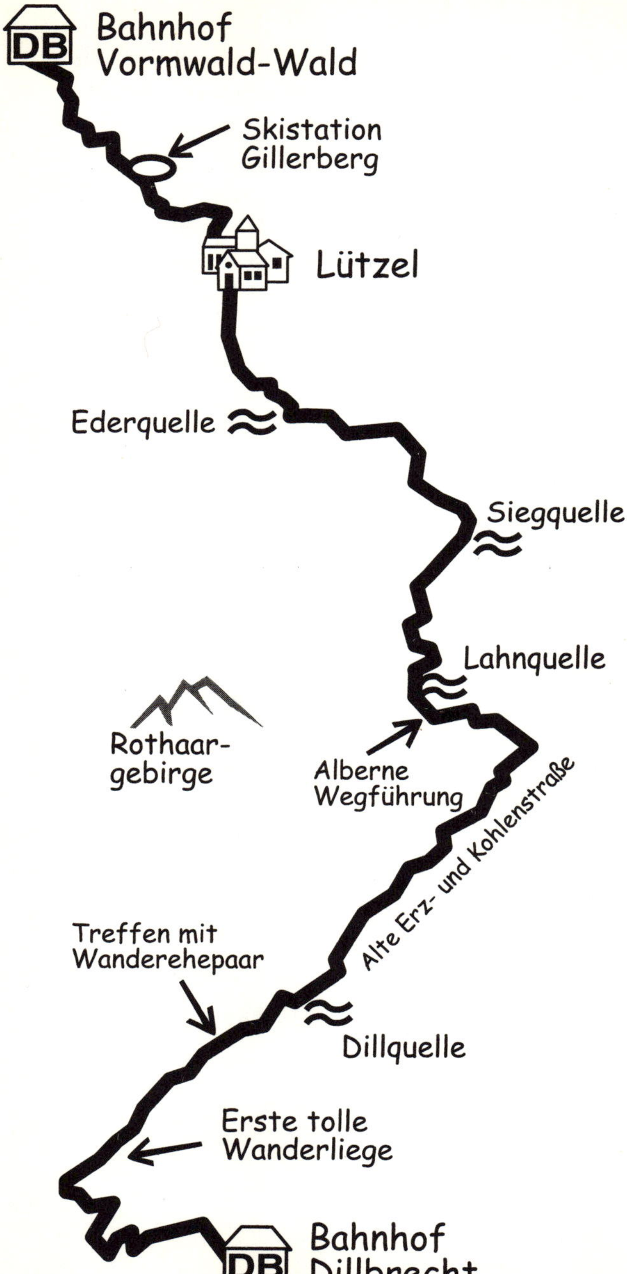
DB
Bahnhof
Vormwald-Wald
Skistation
Gillerberg
Lützel
Ederquelle
Siegquelle
Lahnquelle
Rothaar-
gebirge
Alberne
Wegführung
Alte Erz- und Kohlenstraße
Treffen mit
Wanderehepaar
Dillquelle
Erste tolle
Wanderliege
DB
Bahnhof
Dillbrecht

Der Weg der Sinne

Neues Wandern auf dem Rothaarsteig

März 2004

Ich fuhr in den Tunnel. Minutenlanges Dunkel. Ich bekam Beklemmungen und hatte Angst. Es war der längste Tunnel von Nordrhein-Westfalen: der Gotthard von NRW! Der Rudersdorfer Tunnel führt unter dem Rothaargebirge hindurch; 2652 Meter lang. Immer, bevor der Zug in einen Eisenbahntunnel fährt, schaue ich, wie lang der Tunnel ist. Bei jedem deutschen Eisenbahntunnel steht die Länge an der rechten Seite der Einfahrt, daneben der Name.

Lange Tunneldurchfahrten erinnern mich ich an die famose Erzählung »Der Tunnel« von Friedrich Dürrenmatt, wo der Zug in einen nicht enden wollenden Tunnel rast. Es stellt sich dann heraus, dass der Tunnel mit einer führerlosen Lokomotive in immer steilerem Winkel in den Berg hineinfährt: Der Tunnel wird tatsächlich nie mehr ein Ende haben.

Nach endlosen Minuten tauchte meine Regionalbahn wieder ans Licht, nun waren es nur noch wenige Kilometer bis zu meinem Startpunkt: Dillbrecht im Rothaargebirge. Das Rothaargebirge zieht sich an der Ostseite des größten deutschen Bundeslandes entlang und ist das

Gebirge der Superlative, ein Rausch der Rekorde: Der längste Tunnel von NRW und obendrauf der höchste Berg von NRW: der Langenberg (843m), der den ungleich bekannteren Kahlen Asten (841m) knapp schlägt.

Laut Definition ist ein Mittelgebirge ein Mittelgebirge, wenn die Berge um die 1000 Meter hoch sind und der höchste Berg keinesfalls 2000 Meter überschreitet. Sind daher die Eifel, der Hunsrück oder der Teutoburger Wald gar keine Mittelgebirge, da sie eher zwischen 300 und 500 Meter hohe Höhenzüge aufweisen? Aber den Begriff Niedriggebirge gibt es auch nicht. Deshalb ist es ganz interessant, sich einmal die Hitliste der jeweils höchsten Mittelgebirgsberge anzuschauen.

1. Feldberg (1493m) im Schwarzwald
2. Großer Arber (1456m) im Bayrischen Wald
3. Brocken (1142m) im Harz
4. Schneeberg (1051m) im Fichtelgebirge
5. Schwarzkoppe (1042m) im Oberpfälzer Wald
6. Großer Beerberg (987m) im Thüringer Wald
7. Wasserkuppe (950m) in der Rhön
8. Großer Feldberg (880m) im Taunus (Wieso heißt dieser Berg eigentlich »Großer Feldberg«, ist aber über 600 Meter niedriger als der Schwarzwälder Feldberg?)
9. Langenberg (843m) im Rothaargebirge
10. Erbeskopf (816m) im Hunsrück
11. Hohe Acht (747m) in der Eifel

Dillbrecht liegt an der Dill im Lahn-Dill-Kreis (Autokennzeichen LDK), nicht weit von Siegen an der Sieg entfernt, ist aber schon in Hessen. Vom Ort selbst habe ich eigentlich gar nichts mitgekriegt, da sich der Bahnhof, wie so häufig, weit vor, hinter oder neben dem Ort befindet. Vom Bahnhof aus führt ein Zugangsweg direkt zum Rothaarsteig, und daher stand ich keine fünf Minuten später mitten im Wald. Auf den eigentlichen Rothaarsteig gelangt man aber erst nach einer halben Stunde.

Auf dem breiten Waldweg gab es einen regen und nicht minder rasanten Forstverkehr. Ob die alle wohl hier rumfahren dürfen – braucht man dafür nicht eine besondere Erlaubnis?, fragte ich mich. Ist eigentlich der ehrenwerte Beruf des Wilderers ausgestorben? Gibt es heutzutage noch Baumdiebe? Und lebt denn der Holzmichel noch? Ich müsste mich mal an einen Förster meines Vertrauens wenden.

Dann sah ich von weitem die erste riesige rote Markierung. Das hübsche Logo des Rothaarsteigs zeigt ein auf dem Rücken liegendes »R« auf rotem Grund. Dabei sieht das »R« aus wie eine stilisierte Hügellandschaft.

Der Rothaarsteig ist in Zusammenarbeit der verschiedenen Anlieger-Tourismusverbände und mit Fördergeldern der drei beteiligten Bundesländer NRW, Rheinland-Pfalz und Hessen seit 1997 ausgebaut worden. Insgesamt sind es 155 Kilometer, die man im Rothaargebirge zwischen Brilon und Dillenburg wandern kann. Toll ist auch der Slogan: der Weg der Sinne. Das versprach Gefühle, Leidenschaft, vielleicht auch ein Schuss Erotik. Trotzdem konnte ich mir eigentlich nicht vorstellen, was wohl mit »Weg der Sinne« gemeint war. Bestimmt nicht sinnliche Rothaarige im Rotlichtviertel des Rothaargebirges.

Ich befand mich also auf dem Weg der Sinne. Und der ging direkt tüchtig bergauf. Der Rothaarsteig ist das genaue Gegenteil einer Talwanderung, wie man sie entlang des Lieserpfads machen kann. Die meisten Kilometer werden auf der Höhe zurückgelegt. Der Wanderweg verläuft obenan, und auf beiden Seiten geht es talwärts. Doch geht es hier nicht so steil bergab wie teilweise auf dem Moselhöhenweg, wo es wirklich Gratwanderungen auf extrem schmalen Pfaden gibt, bei denen ein falscher Schritt das Aus bedeuten kann.

Während meiner Vorbereitung auf diese Tour wurde schnell klar, der Rothaarsteig ist nicht einfach ein Wanderweg wie jeder andere, der Rothaarsteig hat eine Philosophie. Er ist meines Erachtens der erste Wanderweg mit einer eigenen Philosophie, um nicht zu sagen Philosophieschule. Es fängt schon damit an, dass ich den Rothaarsteig gar nicht ohne das hoch gestellte »c« mit einem Kreis drum herum schreiben dürfte. Der Rothaarsteig ist eine geschützte Marke. Und jede Marke braucht eine eigene Philosophie: Dieser Wanderweg ist »konzipiert nach landschaftspsychologischen Gesichtspunkten« und bedient die »gehobenen Ansprüche des neuen Wanderpublikums«. Das neue Wanderpublikum! Nach der Neuen Mitte, dem Neuen Markt, New Wave und New Economy kommt jetzt das »Neue Wandern«.

Damit haben die Macher des Rothaarsteigs (das ergäbe auch eine schöne Kinowerbung: »Von den Machern des Rothaarsteigs jetzt der nächste Blockbuster: der Odenwaldsteig«) einen neuen Trend geschaffen. In der Eifel wird diese Konzeption gerade auf dem Eifelsteig umgesetzt. Außerdem wird an einem Rheinsteig gebaut, der den alten Rheinhöhenweg ersetzen soll.

Denn der »neue Wanderer« möchte schmale Pfade

statt Wanderautobahnen, schicke Ruheplätze statt vergammelter Bänke und ein ausreichendes gastronomisches Angebot. Der »neue Wanderer« möchte einfach ein »wanderbares Deutschland«, ein weiterer Spitzenslogan, der auch schon zur Marke geworden ist.

Ein positiver Nebeneffekt der Philosophieschule »Neues Wandern« sind die Markierungen. Teilweise sind sie handtuchgroß mit leuchtend roter Farbe an die Bäume gepinselt. Es gibt auch waschlappengroße Metalltäfelchen. Selbst wenn es schnurgerade geradeaus geht, ist ungefähr alle 300 Meter eine Markierung angebracht. An Abzweigungen ist die Markierung hinter der Abzweigung an den nächsten Baum gemalt oder genagelt, sodass jeder Wanderer direkt sehen kann, wohin er gehen muss. Nicht so wie in der Eifel, wo die Wegewarte vor der Abzweigung mit Pfeilen den Wanderer verwirren wollen. Dort kann man oft nur erraten, wo es vielleicht langgehen könnte.

An größeren Kreuzungen sind am Rothaarsteig Wegweiser mit Kilometerangaben zu den diversen Wanderzielen aufgestellt. Teilweise ist das Zeichen auch auf den Asphalt gemalt, wenn es der besseren Orientierung dient. Kurz, ich war hin und weg von

Rothaarsteig – vorbildliche Markierung

der Markierungsfülle. Das war wirklich mal eine Wanderung, bei der ich die Wanderkarte hätte vergessen können.

Die Wanderkarte hatte ich eingesteckt, dafür fehlte etwas anderes: meine Wandersocken. Beim Laufen merkte ich, dass ich in meinen Wanderschuhen hin und her rutschte. In der frühmorgendlichen Hektik musste ich sie vergessen haben und hatte die Wanderschuhe einfach über meine herkömmlichen, schwarzen Herrenknie-

Schweiz – ordentliche Markierung

Eifel – leicht unübersichtliche Markierung

strümpfe gezogen. (Diese hervorragende Herrensocke habe ich in einer edlen Zehner-Packung von dem Chef einer bekannten deutschen Sockenfirma, der zufällig auch Falke heißt, geschenkt bekommen. Den Mann dauerte es, dass ich einst in der Harald Schmidt Show mit löchrigen Socken zu sehen war, und er beschenkte mich so reichlich, dass ich heute noch davon zehre.)

Ich fing an mich zu hassen, weil ich mit jedem Schritt einer Blase näher kam. Nach vielleicht höchstens vier Kilometern spürte ich, wie es unter dem linken großen Zeh so weit war. Und Blasen sind wirklich die Hölle. Manche sind sogar lebensgefährlich, doch dazu später.

Dass die Macher des Rothaarsteigs an alles gedacht hatten, entdeckte ich schon nach wenigen Kilometern in Form der ersten ergonomisch geformten Bank. Sie sah sehr einladend aus. Das ist nicht selbstverständlich, denn es gibt viele Sorten von Wanderbänken:

Typ 1: Die verlotterte Bank

Dies ist eine Bank, auf die man sich beim besten Willen nicht mehr setzen kann. Der Nässeschutz ist lange Zeit schon abgenutzt, sodass der Regen ins Holz dringen konnte. Auf dieser modrigen und fasrigen dunkelbraunen Holzmasse bekommt man auch bei herrlichstem Sonnenschein einen nassen und dreckigen Hintern. Mit ein bisschen Pech fängt man sich auch noch einen Holzspan. Meistens fehlen aber bei diesen Uraltbänken sowieso einzelne Latten der Sitz- oder Anlehnfläche. Diese Bänke sind die Ruinen vergangener Wanderzeiten.

Verlotterte Bank

Steinbank

Typ 2: Die Steinbank

Der ortsansässige Steinmetz hatte wohl genug davon, ständig nur an Grabsteinen herumzumeißeln. Endlich konnte er sich auch einmal in der freien Natur beweisen und allen zeigen, dass ein kleiner Rodin in ihm steckt.

Typ 3: Die Luxus-Wanderbank

Sie sind kreisförmig angeordnet und überdacht und werden auch Wanderhütte genannt. Oft riecht es etwas feucht, und es ist so dunkel, dass nicht genau zu erkennen ist, auf was man sich da gerade setzt.

Typ 4: Die spießige Wanderbank

Sie ist top in Schuss. Sie besteht entweder aus grünen Kunststofflatten oder aus gepflegten, holzschutzbehandelten Balken. Was macht eine Wanderbank zur spießigen Wanderbank? Ein winziges Detail, das niemals fehlt: Ein kleines, an der Rückenlehne angebrachtes Metallschildchen, das den oder die Stifter der Wanderbank nennt. Es gibt in den deutschen Mittelgebirgen unzählige Vereine oder Institutionen, die Wanderbänke sponsern. Das geht von der Kreissparkasse über das ortsansässige Beerdigungsinstitut bis zu Kegelvereinen, die sich als Mäzene ins Schildchen eingravieren lassen.

Typ 5: Die teilamputierte Wanderbank

Sie sieht man vor allem im Winter. Bei diesen Exemplaren stehen nur noch zwei Betonfüße, die im Boden verankert sind. Es gibt keine Sitz- und Lehnfläche mehr. Dies ist also keine Bank im engeren Sinne. Sie wird erst im Frühling zur Sitzmöglichkeit, wenn aus der Bankraupe ein wunderschöner Bankschmetterling wird. Dann kommt der Bankwart und schraubt die fehlenden Sitz- und Lehnteile wieder auf die Betonfüße. Der verborgene Sinn hinter dieser Übung: Dass die witterungsanfälligen Holzteile im Winter nicht vergammeln.

Teilamputierte Bank

Typ 6: Die rustikale Wanderbank

Sie findet man oft an Grillplätzen. Die Sitzfläche ist ein halbierter Baumstamm. Auch die Rückenlehne ist aus massivem Holz gearbeitet und befindet sich auf der Gemütlichkeitsskala bei »super-urig«.

Rustikale Bank

Man könnte jetzt einwenden, wozu braucht man mit zwei gesunden Beinen bitte schön eine Bank? Man will doch wandern und nicht rumsitzen. Und ich bin sowieso ein Freund des Power-Wanderns, der im Gehen isst und

Ergonomische Wanderliege

trinkt. Aber gerade zum Ende einer Wanderung habe ich schon häufig geflucht, wenn zehn Kilometer lang keine Bank kam, um die schmerzenden Glieder zu strecken.

Und hier nun die Wanderbanksensation im Rothaargebirge: eine Bank mit ergonomisch geformter Rückenlehne. Es gibt keine Zweiteilung mehr zwischen Sitzfläche und Rückenlehne, sondern eine geschwungene Fläche aus hellem Naturholz. Die Bänke sind trocken und ohne Metallschildchen.

Zwei Kilometer weiter wurde es allerdings noch besser. Da stand plötzlich eine Wanderliege. Das Ding war sensationell. Ich konnte mich gemütlich hinlegen, die Beine entspannen und in die Ferne schauen. Das war in der Tat etwas für die Sinne.

Später sah ich auch Zweierliegen, auf denen sich ein Wanderpärchen aneinander geschmiegt dem Naturgenuss hingeben kann. Für die Wanderliege allein lohnt es sich, dem Rothaarsteig einen Besuch abzustatten.

Den Kamm entlang führte der Weg nun in einen dichten Tannenwald. Durch die Tannen brach sich die Frühlingssonne in Streifen ihren Weg. Aber waren das überhaupt Tannen? Wahrscheinlich waren es eher Fichten, denn im deutschen Wald wimmelt es von Fichten, weil sie rasch wachsen und sich damit für die Forstwirtschaft schneller lohnen. Vom ökologischen Standpunkt ist von der Fichtenmonokultur eher abzuraten, da Fichten flache Wurzeln haben und leicht von Sturm, Lawine und Wassermassen umgeknickt werden. Ich wusste zumindest, dass ich durch einen Nadelwald ging. Da federt jeder Schritt leicht nach. Wenn der Untergrund weich, gelenkschonend und nadelig ist, gehe ich durch Nadelwald. Den Laubwald erkenne ich am Rascheln bei trockenem Wetter und am schmatzenden Geräusch der feuchten Blätter bei Regen. Die einzigen Bäume, die ich sofort ausmachen kann, sind Birken und Eichen. Birken sind für mich wegen ihrer weiß-schwarzen Musterung die Schimmel unter den Bäumen. Alte Eichen bestimme ich anhand des Baumumfangs. Je größer der Umfang, umso eher handelt es sich um eine Eiche. Ganz sicher und froh bin ich, wenn an einer Eiche ein Schild angebracht ist, das den Baum als alte Eiche ausweist.

Die Anschaffung eines Baumbestimmungsbuchs hat sich als sinnlos erwiesen, da ich nie darin gelesen habe.

Waldlehrpfade sind eigentlich für Menschen wie mich eingerichtet worden. Sie erklären auf Täfelchen mit lateinischen Namen die exotischen Baumarten, die aus fernen Ländern in die deutschen Mittelgebirge verschleppt wurden. Aber Wanderlehrpfade sind unpraktisch. Sie hemmen den Wanderfluss und bieten viel zu viele Informationen, die mir meist nach wenigen Metern schon entfallen sind.

Im Nadelwald traf ich auf einen älteren Wanderer. Er hatte sich dick in einen Schal eingewickelt und trug einen braunen Filzhut mit rotem Zierband. Er blieb stehen und stützte sich auf seine zwei Wanderstöcke. Sofort fing er ein Gespräch über mein Wanderziel an.

Das ist meist die erste Frage, wenn sich zwei Wanderer begegnen: »Wohin soll's denn gehen?« Ich bin es gewohnt, wenn ich mein Ziel nenne, ein bewunderndes oder ungläubiges »Was, so weit?« zu hören. Doch dieser Wanderfreund war von meinem Tagesziel Lützel, das noch 30 Kilometer entfernt war, nicht beeindruckt. »Ach Lützel, das kommt ja bald.« Hatte er mich einfach akustisch nicht verstanden?

Während wir uns unterhielten, näherte sich auch seine Frau, die anscheinend seinem Tempo nicht hatte folgen können. Sie trug eine leuchtend orange Steppjacke. Gemeinsam klärten sie mich über die Quellen auf, die mich auf meiner heutigen Wanderschaft erwarteten: Die Dill- und Siegquelle wären schön eingefasst, aber Lahn- und Ederquelle, na ja, das wäre Geschmackssache. Ihr Geschmack war es nicht, wie ich deutlich ihrem Gesichtsausdruck ablesen konnte.

Die beiden kamen dem Dialekt nach aus der Gegend, mundartlich also zwischen Herbert Knebel und Jürgen von der Lippe. Sie kannten sich wirklich gut aus und waren diesen Weg schon seit Jahrzehnten gegangen, auch als der noch nicht »Rothaarsteig« hieß und ein Weg der Sinne war. Sie hielten nicht viel von dem ganzen Getue rund ums »Neue Wandern«. Ein wenig hilflos stand ich mit den beiden rum und hörte zu. Ich wollte weiterwandern. Doch die beiden redeten einfach ohne Unterbrechung und waren inzwischen bei der Wanderkunst angelangt, die extra für den »Weg der Sinne« aufgestellt worden war. Ob ich das schon gesehen hätte? Hatte ich nicht. Das wäre doch furchtbar. Kurz vor Winterberg befänden sich einige Skulpturen, die merkwürdige Titel wie »Kein leichtes Spiel« und »Stein-Zeit-

Mensch« hätten. Vor allem der »Stein« wäre grauenhaft. Ob ich den nicht schon einmal gesehen hätte? Hatte ich nicht. Einfach furchtbar. Und der Künstler? Ob ich denn wisse, wo der Künstler wohnen würde? Der wohne in Paris und würde sich ins Fäustchen lachen über die Schweinekohle, die er für diesen Mist mitten im Sauerland bekommen habe.

Ich bedankte mich für die Informationen und wünschte den beiden noch einen schönen Tag. Auf den Wanderstöcken der beiden hatte irgendetwas mit »Trail« gestanden. »Wandern« sagt heute niemand mehr. Im »Oxford Advanced Learner's Dictionary of Current English«, herausgegeben von einem Herrn A.S. Hornby, kann man einige Umschreibungen für die gebräuchlichsten Wander-Anglizismen nachschlagen.

Trail - *path through rough country.* Na ja, als »rough country« würde ich die deutschen Mittelgebirge nicht bezeichnen.

Trek/Trekking – *make a long, hard journey.* So lange und hart wird es in Deutschland nicht.

Hike/Hiking – *long walk in the country, taken for pleasure or exercise.* Ja, das kommt dem deutschen Wort »Wandern« schon näher, zumindest das »walk for pleasure«. »Walk for exercise« heißt hierzulande eher »Marsch« und ist zudem historisch vorbelastet.

Walk/Walking – *move by putting forward each foot in turn, not having both feet off the ground at once.* Danke, Herr Hornby. Ich werde in Zukunft darauf achten, mit mindestens einem Fuß auf dem Boden zu bleiben. Die neue Hip-Variante des Walking ist übrigens das »Nordic Walking«, frei übersetzt »Nordisches Nicht-mit-zwei Füßen-gleichzeitig-den-Boden-Verlassen«. Ich finde das nicht so schön und sage weiter »Wandern«.

Nun wollte ich zu den Quellen. Die Vorfreude kulminierte in dem Schlachtgesang »Wir woll'n die Quellen sehn, wir woll'n die Quellen sehn, wir woll'n wir woll'n, wir woll'n die Quellen sehn«, den ich lauthals durch den Wald grölte.

Mein Gesang war kein korrektes Wanderverhalten, da sich der Wanderer zum Schutz des Wildes still verhalten soll. Aber das war mir in diesem Moment egal, und der Wander-Hooligan brach aus mir heraus. Den Song »Wir woll'n die Quellen sehn« entlehnte ich dem alten Fußballgassenhauer »Ihr könnt nach Hause gehn«, der sich im Erfolgsfall an die gegnerischen Fans richtet. Wenn es nicht so gut läuft, heißt es »Wir woll'n euch kämpfen sehn« als Aufforderung an die eigene Mannschaft. Es ist schön beim Solo-Wandern, dass ich oft stundenlang durch den Wald laufe, laut pfeifen und singen kann, ohne dass mich ein Mensch hört. Das ist – Achtung! – mein Pfeifen im Wald. Häufig, und das ist wirklich unangenehm, kriegt man die gesungenen Lieder nicht mehr aus dem Kopf. Das mag am monotonen Gehen liegen. Aber so ein Wanderohrwurm kann ganz schön nerven. Die stumpfe Melodie des Fußballsongs sollte mich noch bis zum Ende begleiten, obwohl ich da schon alle Quellen gesehen hatte.

Im Rothaargebirge sind die Quellen etwas Besonderes, weil es auf einer Wasserscheide liegt. Auf der einen Seite des Gebirges entspringen die Flüsse, die in den Rhein fließen, wie zum Beispiel Sieg und Lahn, auf der anderen Seite liegen die Quellen von Eder und Röspe, die in die Weser münden. Die meisten deutschen Mittelgebirge quellen nur für einen Strom. Alles Feuchte, was zum Beispiel der Eifel entspringt, landet entweder direkt oder indirekt (über die Mosel oder die Maas) im Rhein. Es gibt also einstromige und zweistromige Gebirge. Ein anderes zweistromiges Mittelgebirge ist die Schwäbische Alb, die auf der einen Seite durch viele Neckarzuflüsse den Rhein und auf der anderen Seite die Donau bedient.

Von der Dillquelle sah ich als Erstes einmal eine Schutzhütte und einen Grillplatz mit kostenlosem Grillholz. Unterhalb des Rastplatzes befand sich eine Naturstein-Einfriedung, eine einfache Backsteinmauer mit einem dünnen Röhrchen in der Mitte, aus dem die ersten Tropfen der Dill kommen. Ich fand die Vorstellung faszinierend, wie lang der Weg dieser ersten Tropfen sein würde und wie viele Dörfer und Städte sie passieren würden. Die Dill fließt durch Dillbrecht, durch Haiger mit der aus Staumeldungen bekannten Autobahnausfahrt Haiger/Burbach, durch Dillenburg, Herborn und Wetzlar. Hier lernte Goethe den Kammergerichtsassessor Karl-Wilhelm Jerusalem kennen, der sich aufgrund einer unerwiderten Liebe umbrachte und so zum Vorbild des literarischen Werther wurde. In Wetzlar mündet die Dill in die Lahn.

Ich habe die Dill an der Quelle probiert und sie schmeckte sehr gut. Das Wasser war aber so kalt, dass ich nach der Dill-Verkostung meine Handschuhe anziehen musste. Überhaupt war ich gut beraten gewesen, warme Sachen mitzunehmen. In Köln waren die Temperaturen in diesen Märztagen auf vorsommerliche 20 Grad gestiegen. Aber der Videotext des WDR hatte in seinem Wetterdienst angekündigt, dass es im Bergland von NRW zwar sonnig, aber nur um die 12 Grad warm werden sollte. Dazu kam oben auf dem Wanderweg ein böiger Wind. Fleecejacke und Wollmütze hatte ich seit Beginn an, nun also auch die Handschuhe.

Nach der Dillquelle zog sich der Rothaarsteig kilometerlang über einen Gebirgskamm. Auf diesem Höhenweg verläuft auch eine Loipe. Ich war froh, dass kein Schnee mehr lag. Skilangläufer auf einem Wanderweg stelle ich mir ungefähr so toll vor, wie auf einem asphaltierten Feldweg einem Rollerblader zu begegnen. Es gibt Fortbewegungsarten, die einfach nicht kompatibel sind.

Eine Tafel am Wegesrand erzählte von der Vergangenheit des Höhenwegs: Entlang des Bergkamms verläuft die Sprachgrenze zwischen dem west-niederdeutschen und dem hessisch-mitteldeutschen Sprachgebiet. Hier trennt sich also sozusagen Millowitsch von Heinz Schenk.

In der Mitte des ungefähr vier Meter breiten Weges fanden sich häufig Stolpersteine. Doch das musste so sein, denn sie markieren die Grenze zwischen dem kurkölnischen Sauerland im Westen und der Grafschaft Wittgenstein im Osten. Von einer großen Schlacht im oder am Rothaargebirge ist mir nichts bekannt, also gehe ich davon aus, dass es zwischen dem kurkölnischen und dem Wittgensteiner Volk weitgehend friedlich zuging.

Der Höhenweg war aber nicht nur ein Grenzweg. Er war einst ein jahrtausendalter Wirtschaftsweg. Zum einen wurde hier Erz abgebaut. Wissenschaftler sind sich nicht einig, ob der Name des Gebirges von dem roten Erscheinungsbild des Rotbuchen-Waldes abgeleitet wurde oder von der rötlichen Färbung des Eisenerzes kommt. Dieses Erz ist der Grund, warum schon vor etlichen hundert Jahren im Siegerland Eisenhütten entstanden und dieser Landstrich ein Eldorado der Eisenerzeugung war. Von den Tälern, die sumpfige Auenlandschaften waren, wich man auf die Höhenwege aus, wo sich das Erz relativ problemlos transportieren ließ. Zum Eisenmachen brauchte man aber nicht nur Erz, sondern auch Kohle. Ich ging nicht nur auf einer Sprachgrenze, einer politischen Grenze, einer Wasserscheide und auf einem Ex-Erzweg, sondern auch auf einem Kohlenweg. Bevor die Steinkohle im Ruhrgebiet und die Braunkohle von Garzweiler II entdeckt war, musste die Holzkohle glühen. Wenige Meter abseits des Rothaarsteigs kann man heute noch eine Nachbildung eines Köhlerzelts und eines Köhlers sehen. Im Köhler brannte Tag und Nacht das Feuer, damit das Holz zur Holzkohle wurde. Daneben stand ein »Zelt«, aus dünnen Ästen und Lehm gebaut. Dieses »Zelt« hieß Köthe. Köthe als Wort kannte ich gar nicht. Die Köthe schützte den Köhler, der das Feuer bewachte, vor Regen und Wind. Dabei war sie so klein, dass er höchstens im Stehen darin schlafen konnte. Aber er sollte ja auch auf das Feuer aufpassen und nicht schlafen. Ein hammerharter Job, und das alles auch noch ohne Gewerkschaften.

Ich war nun ungefähr 15 Kilometer gewandert und fühlte mich richtig gut. Ich schwebte mehr, als dass ich wanderte. Ich war glücklich. Solche Wandererhochgefühle sind nicht selten. Das Glücksgefühl und der Rauschzustand des Läufers heißt »runners high«. Schon wieder ein unnötiger Anglizismus. Gemeint ist die Endorphin-Ausschüttung beim intensiven, fast meditativen Laufen. Das »Wanderhoch« ist dagegen leichter und öfter zu haben, wenn der Weg schön ist. Es ist natürlich wichtig, lange Strecken zu wandern, um in diesen komatösen Rauschzustand zu gelangen. Man darf sich da nichts vormachen: Ich beschreibe in diesem Buch die eine oder andere Abwechslung unterwegs: hier eine Burg, da eine Mühle oder eine Quelle. Die meiste Zeit aber sieht man viele Bäume und marschiert öde voran. Doch diese Eintönigkeit hat eine ganz eigene Qualität. Die Monotonie bläst das Gehirn frei. Und wenn dann ein toller Ausblick kommt, der Weg endlich bergab geht oder sich der Gasthof nähert, dann – zack! – kommen die Endorphine. Das ist ein Grund, warum ich gerne allein unterwegs bin. Klar, es gibt auch Vorteile zu mehreren, mit dem Partner, der Familie oder den Freunden zu wandern, aber jene meditative Wanderstimmung stellt sich in diesen Fällen seltener ein und wird durch zu viel Kommunikation gestört.

Anscheinend kennen aber viele Wanderer nicht die Vorteile des Allein-Unterwegs-Seins. Ich traf an diesem Tag immer nur auf Pärchen. Insgesamt acht, bis auf zwei ältere Herren alle gemischtgeschlechtlich. Mir fiel auf, dass eines der Wanderpärchen (auch mit Stöcken unterwegs) sehr jung war. Ich würde schätzen, dass die beiden um die zwanzig Jahre alt waren, womit sie das Durchschnittsalter der anderen Pärchen erheblich senkten. Sie hatten praktische Wanderklamotten neueren Datums in gedeckten Farben angezogen und waren mit zwei größeren Rucksäcken anscheinend mehrere Tage auf dem Rothaarsteig unterwegs. So wie diese Wanderer, jung, gut aussehend, wohlhabend und klug, stellten sich die Macher des »Weges der Sinne« wahrscheinlich die Prototypen des »Neuen Wanderns« vor.

Um die ging es wahrscheinlich auch, als ein Kilometer vor der Lahnquelle die Wegführung ein bisschen albern wurde. Der schnellste Weg zur Lahnquelle ist eine asphaltierte Kreisstraße. Um jetzt aber die Freuden des »neuen Wanderers« nicht durch unnötigen Lärm zu trüben, wurde ein neuer Pfad im Wald neben der Straße angelegt. Dieser Pfad schlängelt sich ein bis drei Meter neben der Straße entlang. Ich musste höllisch aufpassen, dass ich mich nicht am überaus reichhaltig vorhandenen Wurzelwerk verfing und mir einen Bänderriss zuzog.

Aus meinem Wanderführer wusste ich von zwei gastronomischen Betrieben an der Lahnquelle. Der Hunger trieb zur Eile und mich schließlich auf die Kreisstraße. »Weg der Sinne« hin oder her, das brachte mich jetzt schneller zur Mittagsvesper.

Es ist ganz praktisch, dass es so genannte »Qualitätsbetriebe« am Rothaarsteig gibt. Diese Hotels und Gasthöfe sind speziell auf Wanderer und ihre Bedürfnisse eingerichtet. Hier kann man zum Beispiel seine Schuhe säubern. Eine ungewöhnliche Serviceleistung, die den normalen Gastwirt schon bei dem Gedanken an die vielen hartnäckigen Lehmklumpen um den Verstand bringt. Es gibt auch die Möglichkeit, Wanderschuhe und -rucksäcke auszuleihen. Unterkünfte, die nicht direkt am

Wanderweg liegen, haben einen Shuttle-Service, der den Wandertourist zum Rothaarsteig bringt und abholt. Ich habe bisher noch nicht ausprobiert, ob das auch immer und überall in der Praxis funktioniert, aber es hört sich schon mal ganz gut an.

Im Forsthaus »Lahnquelle« bestellte ich Nudeln mit gebratenen Scampis und einen Beilagensalat und bekam Nudeln in Pesto-Sahne-Krabben-Sauce. So was kann passieren. Weil die Sahne-Nudeln billiger waren als die Scampi-Nudeln, habe ich nichts gesagt. Ich reklamiere sowieso nicht gerne.

Weil es drinnen in der Gaststube etwas stickig und verqualmt war, setzte ich mich nach draußen, mit Blick auf die Lahnquelle. Das war Ende März viel zu kalt, aber ich hatte auch meinen Stolz und ging nicht wieder hinein. Die Lahnquelle selber kann man im Unterschied zur Dillquelle nur ungefähr erkennen. Sie beginnt mit einer Art kleinem Tümpel. Von diesem Tümpel aus macht sie sich dann auf ihren 240 Kilometer langen Weg Richtung Rhein und fließt dabei durch Biedenkopf, Marburg, Gießen, Wetzlar, Weilburg. Übrigens ein wunderschönes Städtchen, das aber aufgrund seiner Nähe zu Limburg oft übersehen wird. Sollte man aber mal hinfahren. Weiter fließt die Lahn durch Limburg, mit seinem berühmten Dom, den man von der A3 und der ICE-Neubaustrecke Köln-Frankfurt aus sehen kann. Dann kommt Nassau. Von diesem Ort leitet sich der Begriff des »Nassauers« bzw. das »Nassauern« ab. Der »Nassauer« versucht sich einen Vorteil zu verschaffen, ohne dafür aufzukommen. Der Legende nach waren die Nassauer so arm, dass sie sich keine eigene Universität leisten konnten. Daher wurden die Nassauer Studenten nach Göttingen geschickt. Als Ausgleich für die Unannehmlichkeit, immer nach Göttingen pendeln zu müssen, richtete der Herzog von Nassau in der Göttinger Mensa einen Freitisch für die Nassauer Studenten ein, an dem sie umsonst verköstigt wurden. Das nutzten wiederum finstere Gestalten aus, die gar nicht aus Nassau kamen und trotzdem freie Kost wollten. Diese Lumpen waren dann »Nassauer«: Also nicht die Original-Nassauer sind die Nassauer, sondern die, die die Nassauer ausnutzten, sind die Nassauer.

Später erreicht die Lahn das Kurbad Bad Ems mit seiner Blütezeit im 19. Jahrhundert. Berühmte Kurgäste waren Richard Wagner, Kaiser Wilhelm I., Zar Alexander II. und andere Russen wie Dostojewski und Gogol. Bad Ems war das Modebad der Franzosen. Eine Pariser Boulevardzeitung schrieb: »Bad Ems ist die Perle der Thermalbäder und der Vergnügungsturm zu Babel.« An der Lahn war echt was los.

Und schließlich erreicht die Lahn kurz vor ihrer Mündung in den Rhein Lahnstein. Die Scharping-Stadt. Hier ging der Fast-Bundeskanzler und ehemalige SPD-Vorsitzende mit der Vorliebe für Swimmingpools zur Schule und wurde in jungen Jahren in den Stadtrat gewählt. Noch heute ist der Wahlkreis Rhein-Lahn der Stammwahlkreis von Rudolf Scharping.

Von dem Lahnwasser habe ich nichts getrunken, da es in dem Quelltümpel ziemlich brackig aussah.

Entgegen der eigenen Philosophie, den Sinnenfreuden und dem »Neuen Wandern« führt der Rothaarsteig nach der Lahnquelle auf eine Asphaltstraße, die den Status einer Landstraße hat. Dass diese Landstraße auch gleichzeitig Wanderweg ist, hielt die ortsansässige Jugend nicht davon ab, mit mindestens 100 Stundenkilometern an mir vorbeizurasen.

Ich war froh, als der Rothaarsteig in den Wald schwenkte. Ich wollte noch mehr Quellen sehen. Ich wollte Quellenexperte werden. Und die Quellen sprudelten jetzt wirklich im Minutentakt: Erst kam die Ilmquelle, dann die Siegquelle und schließlich die Ederquelle. Die Ilm ist auf keinen Fall mit der thüringischen Ilm zu verwechseln, die der Stadt Ilmenau ihren Namen gab, die Ilm, die durch Weimar fließt und später in die Saale mündet. Nein, diese Ilm war das nicht. Aber auch nicht die Ilm, die zwischen Ingolstadt und Regensburg in die Donau fließt. Diese Ilm quillt hier auch nicht aus dem Berg. Es war die Rothaar-Ilm, die schon ziemlich bald in der Lahn aufgeht.

Warum haben so viele Flüsse gleiche Namen? Die neuere Sprachforschung geht davon aus, dass fast alle Flussnamen Europas über 10.000 Jahre alt sind und einer baskischen Ursprache entstammen. Das Indogermanische hat sich erst später verbreiten können. Vor 10.000 Jahren kannte man keine Eigennamen für Flüsse. Da hieß der Fluss Fluss und der Berg Berg und das Tal Tal. Daher, so diese These, gibt es Namensverwandtschaften zwischen dem spanischen Ebro und dem bayrischen Ebersbach. Der Ebro könnte durch Sprachmutationen aber auch mit der Eder verwandt sein. All das heißt Fluss. Genauso verwandt sind Flüsse mit den Bestandteilen il-, el- und al-. Alle drei Ilms, die Iller, die Elz und die Aller entstammen dem gleichen Wortstamm. Es handelt sich eben um Flüsse, und daher heißen sie auch so.

Nach der Ilmquelle kam die Siegquelle. Und zwischen Sieg- und Ederquelle machte ich kurz Rast auf einem der ergonomischen Wandersofas und genoss die Sonne. Die Aussicht auf die Talmulde war herrlich, und die Ritter-Sport-Trauben-Nuss-Schokolade schmeckte ausgezeichnet, obwohl sie nicht meine Lieblings-Ritter-Sport-Sorte ist. Aber im Süßigkeiten-Automaten am Bahnhof von Siegen war die Sorte gerade vorne. Das hat mich schon am Süßigkeiten-Automaten der Harald Schmidt Show genervt. Im Fach für Mars sind nur Mars. Im Fach von Duplo sind nur Duplo. Aber im Ritter-Sport-Fach sind verschiedene Sorten. Die guten wie Marzipan, Haselnuss und Nougat, und die, die ich nicht mag. Und meistens steht vorne eben eine Sorte, die ich nicht so mag.

Mir fiel auf, dass es auf den neu eingerichteten Rast- und Ruheplätzen des Rothaarsteigs keine Abfalleimer gab. Auf der Internetseite des Rothaarsteigs wird darauf hingewiesen, dass es zur Philosophie gehöre, dass jeder Wanderer seinen Müll selber wieder mitnehme und entsorge. Und das ist auch gut so. Ich habe mich sowieso immer gefragt, wer bitte schön die Mülleimer an den einsamsten Wanderwegen leert. Scheinbar wissen das die Verantwortlichen auch nicht, weswegen viele Körbe an Rastplätzen auch von Bierdosen und fettigen Brotpapieren überquellen.

Wenige Minuten nach meiner kurzen Rast erreichte ich die Ederquelle. Wie die Siegquelle und die Dillquelle hatte man in den 70er Jahren die Ederquelle nach dem Geschmack der Zeit eingefasst. Das sah ordentlich aus, war sauber und leicht zu pflegen. So wie eine schöne Klinkerwand an der Hausfassade. 1991 wurde dann diese

Wandermülleimer – typisch

Einfassung zugunsten einer naturbelasseneren Variante wieder entfernt. Um etwas über die Ederquelle zu erfahren, musste ich einer Schautafel vertrauen. Sehen konnte ich kaum etwas, da ein Geländer den Zutritt versperrte und man nur ein paar Sträucher und eine größere Pfütze erkennen konnte. So wie es jetzt ist, das erzählte mir die Schautafel, ist alles ganz prima für die Natur. Ohne Mauern und Einfassung hat sich die für eine Quelle typische Flora und Fauna wieder ausgebreitet. Es handelt sich um verschiedene Pflanzen und Tiere. Die Namen habe ich natürlich sofort wieder vergessen, aber ich hatte das gute Gefühl, eine politisch korrekte Quelle gesehen zu haben.

Ich hatte fast schon 30 Kilometer hinter mir und war froh, dass der sanfte Abstieg ins Tal begann. Der Weg folgte dem Lauf der Eder, die sich in extremen Windungen durchs Tal mäandert. Dieses Tal war keine Schlucht, sondern ein weites, sanft geschwungenes Tal. Den Talgrund schätzte ich auf 200 Meter Breite. Zwischen einer Art Steppengras wuchsen ein paar vereinzelt herumstehende, trostlose Birken. So stelle ich mir die russische Tundra vor. Die Aussicht und das Wandererlebnis waren genauso aufregend wie eine sibirische Steppendurchquerung. Fast war ich im Gehen eingeschlafen und hatte beinahe die Abzweigung des Weges Richtung Lützel verpasst. Die Eder verabschiedete sich hier in Richtung Weser. Auf Wiedersehen Eder, hallo Lützel!

Ein ungelenker, blasser 13-Jähriger mit Limp-Biskit-T-Shirt und geschultertem Kickboard kam mir entgegen. Überaus freundlich begrüßte er mich und wünschte mir einen schönen Tag. Respekt! Die Legende vom maulfaulen und sturen Sauerländer muss umgeschrieben werden, wenn einheimische Pubertierende jetzt einsame Wanderer grüßen.

Und schon war ich im Ortskern von Lützel. Lützel ist die mittelhochdeutsche Bezeichnung für klein. Der größte deutsche Dichter, Robert Gernhardt, schrieb in seiner Frühphase manchmal unter dem Pseudonym Jeman Lützel. Dabei ist Lützel gar nicht so klein, ist aber auf jeden Fall entschieden hässlicher, als es der knuffige Name vermuten lässt. Der Ort liegt auf beiden Seiten einer viel befahrenen Bundesstraße, und die herausragenden Gebäude sind lang gestreckte Industriehallen. Also schnell weg hier und den Berg hinauf, auch wenn Lützel ursprünglich mein Ziel gewesen war. Ich spürte noch genug Kraft für weitere Schritte.

Der Rothaarsteig führte mich mit einer ziemlich brutalen Steigung einen Feldweg herauf. Schon von weitem erkannte ich eine gebückte Gestalt vor mir, die sich im Schneckentempo bergaufwärts bewegte. Beim Näherkommen konnte ich einen Schlauch erkennen, der vom Rücken des Wanderes zu seinem Mund führte. Der

Mann sah sehr hinfällig aus. Ich überlegte, ob es in der Nähe vielleicht eine Klinik gab und der Mann sich gerade von seinen Apparaten losgerissen hatte. Als ich überholen wollte, sprach er mich an. Der Wanderkollege war mindestens 85 Jahre alt. Aus seinem Rucksack ragte eine Trinkflasche, von der er durch einen Schlauch trank, während er mit mir sprach.

Er erzählte, er würde seit 40 Jahren jeden Tag zwischen 20 und 35 Kilometer durchs Rothaargebirge wandern. Jeden Tag! Und bei jedem Wetter!

Im Gegensatz zu meinen Wanderfreunden am Morgen, die es lieber sauber und eingefasst hatten, war der Wander-Greis ein ausgesprochener Grüner.

Er erklärte mir, wie er in den letzten Jahren den Klimawandel und das Waldsterben erlebt hat. Da er sozusagen auf Wanderschaft lebt, bekam er natürlich Temperaturunterschiede und Einschnitte in die Vegetation genau und direkt mit. Seine Ausführungen waren aber nicht nur emotional gefärbt, sondern auch durch großes ökologisches Fachwissen unterfüttert.

Er versprach mir, dass ich am Ende des steilen Feldwegs eine fantastische Aussicht auf die gesamten umliegenden Bergzüge hätte. Und so war es auch. Noch mehr überraschte mich, dass sich auf der Höhe des Gillerbergs ein kleines Wintersportgebiet mit rostiger Sprungschanze und Skilift befindet. Ohne Schnee war hier nichts los. Im weiteren Verlauf durchquert der Rothaarsteig noch die sauerländischen Top-Wintersportgebiete Schmallenberg und Winterberg. Was bedeutet, dass im Winter auf ungefähr 15 Kilometern mit nervigen Langläufern zu rechnen ist. Am schlimmsten sind die vielen sturzbetrunkenen Holländer, die unvermittelt auf ihren Skiern aus dem Wald brettern. Die Berge des Sauerlands sind ja die Alpen der Holländer, und dass die sich nicht jeden Tag im Winter in Horden gegenseitig beim Skifahren überfahren, grenzt an ein Wunder.

Das Skigebiet oberhalb von Lützel ist im Unterschied zum Winterberger Ski-Eldorado kompakt, klein und stört beim Durchwandern nicht. Drei Kilometer hinter dem Gillerberg erreichte ich die Ginsburg. Genauer gesagt verläuft der Wanderweg knapp unterhalb dieser Burg. Mir war es zu anstrengend, die 200 Meter zur Burg hochzulaufen, die vom Wanderweg aus nicht sonderlich spektakulär aussah.

Ich hatte genug für diesen Tag und ging hinunter zur Bahnstation Hilchenbach-Vormwald. Ich spürte meine Füße und die schmerzenden Blasen. Am Bahnhof zählte ich nach intensiver Fußsohlenrecherche fünf unterschiedlich große Blasen.

Die 1300 Meter zum nächsten Bahnhof Vormwald-Dorf wären mir schwer gefallen. Beide Bahnhöfe Vormwald und Vormwald-Dorf liegen nah beieinander, und wenn man in Vormwald den Zug verpasst hat, kann man mit hurtigem Schritt noch in Vormwald-Dorf zusteigen. Die Eisenbahnstrecke macht hier nämlich eine riesige Schleife, um ungefähr 70 Höhenmeter zu überwinden.

Im Bahnhofsgebäude von Vormwald gab es eine Gaststätte, den »Gasthof zum Zollposten«, geführt vom Ehepaar Voss, wie es das Wirtshausschild an der Straße ankündigte. Allerdings ließ das Schild »Gaststättenaufgabe! Geschlossen!!! Die Wirtin« vermuten, dass sich hier nicht nur ein Wirtschafts-, sondern auch ein Ehedrama abgespielt hat. Schade. Hier hätte ich gerne noch etwas gegessen, statt später auf der Rückfahrt den Bahnhofs-McDonald's in Siegen zu plündern.

In den letzten Jahren bin ich insgesamt 100 Kilometer des Rothaarsteigs gewandert. Wer auf kleine Pfade steht, wird enttäuscht sein, wie ich es bei meiner ersten, zweitägigen Wanderung auch war. Nach einem viel versprechenden Anfang hinter Brilon ging es kilometerlang auf breitesten Waldwirtschaftswegen dahin. Höhenwege werden nun mal oft über alte Wirtschaftswege geführt, die sich schnurgerade durch den Wald ziehen. Auch wenn Höhenwanderungen nicht so abwechslungsreich sind wie Tal- oder Felswanderungen, entschädigt die eine oder andere Aussicht für die Monotonie. Und für den aktiven Allein-unterwegs-Sportwanderer ist der Rothaarsteig eine feine Sache.

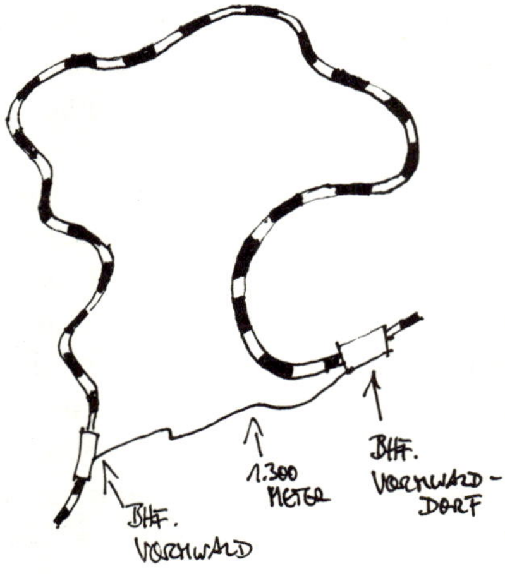

Wegstrecke:	39 Kilometer
Wanderzeit brutto:	8 Stunden, 3 Minuten
Wanderzeit netto:	7 Stunden, 19 Minuten
WDG:	5,32 km/h
Autokennzeichen:	LDK (Lahn-Dill-Kreis) bis SI (Kreis Siegen)
Wanderkarte:	Wanderkarte Rothaarsteig, Blatt Süd, 1:50.000
Das Bier der Region:	Krombacher
Höchster Punkt der Wanderung:	674 m (Jagdberg)
Niedrigster Punkt der Wanderung:	349 m (Dillbrecht)

Die Ausrüstung

Es ist natürlich eine Typfrage, welches Wanderoutfit man bevorzugt. Als traditioneller Wanderer nimmt man Filzhut und Wanderstock vom Haken und zieht mit Kniebundhose und Stoffrucksack los, fallera.

Auf der anderen Seite gibt es die High-Tech-Wanderer, die auch in der Eifel so ausgerüstet und gekleidet sind, dass sie problemlos jederzeit den K2 ohne Sherpa besteigen könnten.

Ich bewege mich zwischen diesen beiden Extremen, bin sozusagen – Achtung! – ein Wanderer zwischen diesen beiden Welten. Traditionsbewusst, aber auch durchaus neuen Entwicklungen aufgeschlossen.

1. Schuhe und Socken

Ein ganz großer Fehler ist es, mit Straßenschuhen, auch wenn sie keine Absätze haben, auf Wanderschaft zu gehen.

Das mit den Absätzen gilt übrigens nicht nur für Frauen, da die aktuelle Schuhmode auch Männern wieder höhere Absätze aufnötigt. Zumindest habe ich das während der Oscar-Verleihung bei Sean Penn gesehen. Aber vielleicht ist Sean Penn ja ein Zwerg, wie die meisten Filmschauspieler. Persönlich bin ich ja mal Tom Cruise begegnet, und der war sehr, sehr klein. Aber auch sehr, sehr nett. Er hat sich bei der Premiere von »Mission Impossible II« für den Gang über den roten Teppich eineinhalb Stunden Zeit genommen, um jedem Journalisten ein Interview zu geben und jedem Fan ein Autogramm. Ein, sagen wir mal, Thomas Gottschalk schafft den roten Teppich in eineinhalb Minuten. Aber was hat dieser Cruise auch für verrückte Fans. Auf die Absätze von Tom Cruise habe ich nicht geachtet, die von Sean Penn waren jedenfalls sehr hoch.

Ich habe eigentlich nie Absatzprobleme, da ich immer die gleichen Schuhe trage. Das sind weiche Doc-Martens-artige Schuhe aus dem Gut-für-deine-Füße-Laden. Mit denen kann ich an einem Nachmittag 15 bis maximal 20 Kilometer um den Block gehen, danach ist blasenmäßig Schluss.

Bei meiner ersten größeren Wanderung 1997 im Hürtgenwald hatte ich meine Joggingschuhe angezogen. Zunächst sieht das schon mal wahnsinnig bescheuert aus. Joggingschuhe gehen farblich höchstens in Verbindung mit dem bunten und vor allem engen Lauflook. Der Wanderer sollte eigentlich Wanderschuhe in gedeckten Farben (braun, dunkelblau) tragen. Außerdem sind Joggingschuhe zu weich, auch wenn sie ganz toll federn. Der erste Stein ging mir durch Mark und Bein.

In einem Wanderfachhandel habe ich mir meine ersten richtigen Wanderschuhe aufschwatzen lassen, die ich zwei Jahre und hunderte Blasen später hasserfüllt nach einer 12-Kilometer-Kurzwanderung weggeworfen habe. Mehrfach war ich gestolpert und befand mich kurz vor einem Bänderriss. Die Schuhe waren zu klobig gewesen, und ich hatte nie ein Gefühl für den Wanderuntergrund in diesen Schuhen gehabt. Dafür hatten sie über 150 Euro gekostet.

Für den halben Preis habe ich mir dann in einem Wander-Discounter wunderbare Billig-Schuhe gekauft. Das Gefühl für den Boden hatte sich nun enorm verbessert, die Blasenhäufigkeit war aber immer noch zu hoch. Langsam fing ich an, mir die Schuld daran zu geben. Vielleicht bin ich ja zu dick. Stimmt aber nicht. Viele Leute, die mich nur aus dem Fernsehen kennen, versichern mir, dass ich im Fernsehen viel dicker aussehe als im wirklichen Leben. Es gab schon Frauen, die mir sagten, ich sähe in der Realität richtig gut aus. Ich lasse das jetzt mal so stehen.

Wenn es weder an mir noch an den Wanderschuhen lag, was war es dann? Vielleicht waren die Socken falsch. Socken muss jeder Wanderer tragen. Auch im Sommer, auch in Sandalen, selbst wenn so mancher Ästhet einwenden wird, das sehe doch grauenhaft aus. Auf jeden Fall sollten es Wandersocken sein. Keine Fahrradsocken (die gibt es immer mal wieder günstig bei Tchibo), niemals Joggingsocken und in überhaupt keinem Fall Tennissocken.

Irgendwann vor zwei Jahren kam der entscheidende Tipp von meiner Mutter. »Junge, zieh dir deine Wandersocken immer über deine normale Socken.« Die normale Socke liegt eng an meiner Haut, die normale Socke hat sich somit an meinen Fuß gewöhnt. Darüber kommt die Wandersocke, die die Haussocke ideal mit dem Wanderschuh verbindet. Seit ich dieses Prinzip befolge, habe ich mir nur noch sehr wenige Blasen gelaufen.

Ab 15 Grad im Frühjahr, Sommer und Herbst bleiben bei trockenem Wetter meine Wanderschuhe im Schrank, dann wird nur mit Sandalen aus der Abteilung »Füße müssen sich wohlfühlen« gewandert. Sandalen sind toll, da der Wandersmann oder die Wandersfrau nicht an den Füßen schwitzt. Zudem kann man sich nicht die Zehen anstoßen. Gerade bei Bergabstiegen hauen einem die Zehen in geschlossenen Schuhen immer gegen die Spitze des Schuhs. Selbst bei perfekter Pediküre, die ich mir nach einigen schmerzhaften Erfahrungen beim Joggen angewöhnt habe, sind die Folge oft blaue Zehennägel. Bei Sandalen gibt es keine geschlossene Schuhspitze, darum sind sie die perfekten Wanderschuhe.

2. Blasenmedizin

Trotz bester Schuhe und Socken lässt sich eine Blase nicht immer vermeiden. Was macht man, wenn man sich Blasen gelaufen hat? Am besten nichts, wenn es sich nicht um eine offene Blase handelt. Ich habe mir einmal eine besonders dicke und schmerzhafte Blase unter der Ferse mit einer Nagelschere aufgeschnitten, die überschüssige Haut beseitigt und die offene Wunde mit einem Pflaster versehen. Das hat beim Laufen sehr wehgetan, da das Pflaster in der feuchten Wunde festklebte. Daher würde ich von einer solchen Selbst-OP abraten. Außerdem dachte ich immer, es sei in Ordnung, das Blasenwasser mittels einer glühenden Nadel abzulassen. Besser nicht! Sich im Selbstversuch die Blasen zu öffnen kann sehr gefährlich enden. Das sollte wegen der Entzündungsgefahr lieber der Hautarzt tun.

In Frankreich wäre ich fast an einer Blase gestorben. Ich hatte mir eine Etappe der Tour de France in den Alpen angeschaut. Nachdem ich die Fahrer den Col de la Forclaz hoch angefeuert hatte, machte ich mich zu Fuß auf den Heimweg. Ich musste 700 Höhenmeter abwärts zum Lac d'Annecy gehen und lief mir während des steilen Abstiegs eine Blase an meinem rechten kleinen Zeh. Nun ja, das war schon oft passiert. Über die offene Blase klebte ich abends ein Pflaster. Zwei Tage später war mein rechter Fuß dick geschwollen, und ein stechender Schmerz zog den Unterschenkel hinauf. Inzwischen war ich in Paris zum Finale der Tour auf den Champs-Élysées angekommen. Die französische Notfallapotheke hatte mir Wespenstichspray verkauft. Ich war skeptisch, ob eine Wespe wirklich der Grund für den immer dicker werdenden Fuß war.

Bei der Abschlussfeier des Teams T-Mobile auf einem Seine-Boot traf ich den Teamarzt des Rennsport-Stalls. Prof. Dr. Andreas Schmid von der Universität Freiburg diagnostizierte mit einem Blick eine Wundrose. Streptokokken-Entzündung! Kann sich am ganzen Körper bis zu den Lymphknoten hochziehen! Einnahme von schwersten Breitspektrum-Antibiotika vonnöten! Ich war Freund Hein noch einmal von der Schippe gesprungen. Der Rat vom Freiburger Chefarzt an den Wandersmann war, in Zukunft immer Jodsalbe und sterilen Wundverband im Wandergepäck zu haben, um offene Blasen an Ort und Stelle entzündungshemmend behandeln zu können.

3. Wanderstöcke

Im Hochgebirge vielleicht sinnvoll. Im Mittelgebirge alberner Wanderschnickschnack. Braucht man nicht.

4. Rucksack

Einen guten Wanderrucksack sollte man schon haben. Nicht zu empfehlen sind billige Plastikrucksäcke, da schwitzt man schon nach wenigen Metern am Rücken. Bei Regen untauglich sind Rucksäcke aus Stoff, auch wenn sie so knuffig altmodisch aussehen.

Mein Rucksack ist aus einem Super-Rucksack-Kunststoff. Nicht so riesig, wie man sie auf europäischen Bahnhöfen zur Sommerzeit oft bestaunen kann, sondern eben ein Mittelgebirgs-ein-bis-drei-Tagestouren-Rucksack. Er hat stabile und gepolsterte Schulterriemen, einen Bauch- und einen Brustgurt, die beim Gehen den Rücken entlasten.

In der großen, verschnürbaren Innentasche findet sich auf Wanderungen immer eine Mineralwasserflasche (natürlich aus Plastik wegen des Gewichts), Wechselklamotten und Regenjacke.

Die große Außentasche erfüllt für mich den Zweck einer Damenhandtasche. Hier versteckt sich alles, was man beim Wandern unbedingt braucht oder eventuell gebrauchen könnte:

- ein Schoko-Ceralien-Riegel (Wichtig für die kleine Schwäche zwischendurch. Ähnlich wie beim Radrennen sollte man regelmäßig während der Wanderung essen, um keinen Wander-Hungerast zu bekommen.)
- eine Sonnenbrille (Ich habe mir endlich eine in meiner Sehstärke machen lassen. Früher habe ich eine riesige Ray Ban immer über meine eigentliche Sehbrille gezogen. Das sah zum einen nicht toll aus,

zum anderen rutschte die Sonnenbrille immer beim Gehen über meine Nase.)

- Wanderkarte
- Taschentücher
- Streichhölzer
- Sonnenmilch (Auch ein sonniger Wintertag kann einen unangenehmen Sonnenbrand verursachen.)
- Fotoapparat
- Ersatzfilm
- Notizblock
- Stifte
- steriles Blasenpflaster und Jodsalbe
- eine kleine LED-Taschenlampe (Habe ich noch nie gebraucht, sieht aber wahnsinnig cool aus.)
- Labello (Besonders wichtig bei trockenem, kaltem Winterwetter. Ich habe schon minutenlang in der Kälte mit spröden Lippen meinem Chef gegenübergestanden. Ich konnte mich kaum auf das konzentrieren, was er sagte, da ich damit beschäftigt war, mit der Zunge die blutenden Lippen freizulecken.)

Wenn man zu zweit wandert, ist das Überkreuz-Rucksacking sinnvoll. Dabei packt man die eigenen Sachen in den Rucksack des Mitwanderers und umgekehrt. So kann man bequem, hinter dem anderen hergehend, an seine Sachen gelangen.

5. Jacke

Je nach Witterung sind Fleecejacke, Gore-Tex-Jacke, leichte Regenjacke oder einfach ein Pullover eine gute Wanderbekleidung. Ein ganz entscheidendes Kriterium für Jacken und Pullover wird oft unterschätzt: die Knotbarkeit.

Meistens ist man ja doch zu bequem, die Jacke im Rucksack zu verstauen, wenn es einem warm geworden ist. Dann wird die Jacke oder der Pullover um die Hüfte geschlungen und vorne zweimal verknotet. Nicht selten merkt man bereits nach ein paar Schritten, dass der Knoten sich lockert und die Jacke anfängt, einem über das Gesäß zu rutschen. Also, Jacke wieder hochzerren und noch einmal zuknoten, diesmal fester. Nutzt aber alles nichts, das Zeug rutscht immer wieder. Es gibt einfach unknotbare Jacken und Pullover.

Ich schlage wie bei einem Autokauf beim Kauf einer Jacke oder eines Wanderpullovers eine Proberunde vor. Vom Kleidungsgeschäft aus sollte man mindestens einmal um den Block laufen, um die Knotbarkeit zu überprüfen.

6. Mütze und Handschuhe

Bitte im Winter nicht vergessen.

7. Hose

Als Wandernovize habe ich mir vor einigen Jahren zuerst eine zünftige Breitcord-Kniebundhose mit passenden grauen Wollkniestrümpfen gekauft. Damit bin ich aber nicht glücklich geworden. Wie gesagt, es empfiehlt sich eine ordentliche Wandersocke, und die ist wiederum nicht mit einer Kniebundhose kompatibel. Daher wandere ich im Winter in Jeans und im Sommer in einer dünnen Stoffhose mit abnehmbaren Beinen. In kurzen

Hosen sollte man relativ unempfindlich gegen Insektenstiche und dorniges Gestrüpp am Wegesrand sein. Mit Jeans zu wandern ist heutzutage allgemein anerkannt. Das war nicht immer so. Ein Bekannter war vor einigen Jahren mit Jeans im Schwarzwald unterwegs. Dort traf er einen kniebundbehosten Wanderfreund, der zu meinem Bekannten sagte: »Ein deutscher Wanderer wandert nicht in amerikanischen Arbeitshosen!«

8. Unterhose

Die 40 Kilometer einer ausgiebigen Wanderetappe entsprechen ungefähr der Länge eines Marathons. Daher ist es logisch, dass man auch beim Wandern ähnliche Vorkehrungen wie beim Marathon treffen muss.

Das betrifft auch die Wahl der Unterhose. Der knappe, in die Gesäßritze einschneidende sexy Tanga ist mit Sicherheit die falsche Wahl. Aber auch die Baumwollshorts mit kurzem Bein kann bei der ständigen Reibung schmerzhafte Aufschürfungen an den Leisten zur Folge haben. Vorsorglich sollte man sich sowieso die Leistengegend mit Vaseline eincremen. Aber auch die Anschaffung einer Sportunterhose aus baumwollfreien Textilien lohnt sich bei häufigeren Wandertouren. Die zarte Haut wird es euch danken.

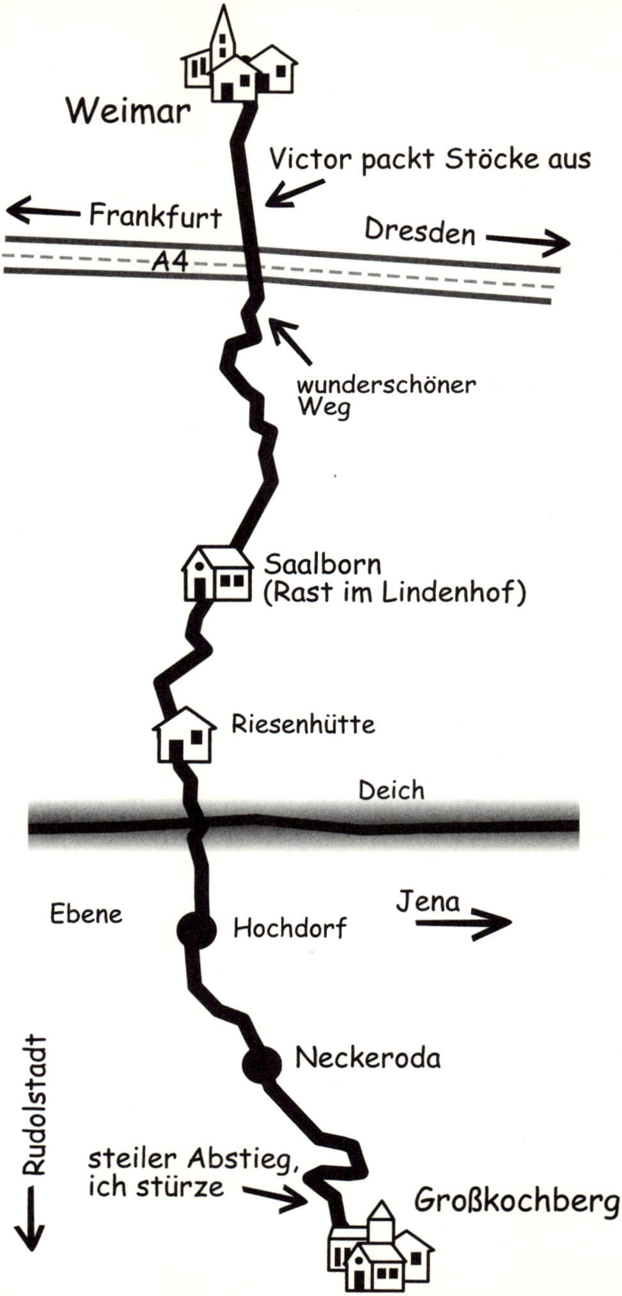
Weimar
Victor packt Stöcke aus
Frankfurt
Dresden
A4
wunderschöner Weg
Saalborn (Rast im Lindenhof)
Riesenhütte
Deich
Ebene
Hochdorf
Jena
Neckeroda
Rudolstadt
steiler Abstieg, ich stürze
Großkochberg

Stöcke und Bratkartoffeln

Auf dem Goetheweg von Weimar nach Großkochberg

Mai 2004

Wie fange ich dieses Kapitel an, um dem hohen literarischen Anspruch der wandernden Romantiker gerecht zu werden? Wie Büchner? »Den 20. Jänner ging Andrack durchs Gebirg. Die Gipfel und hohen Bergflächen im Schnee, die Täler hinunter graues Gestein, grüne Flächen, Felsen und Tanne. Er ging gleichgültig weiter, es lag ihm nichts am Weg, bald auf-, bald abwärts. Müdigkeit spürte er keine, nur war es ihm manchmal unangenehm, dass er nicht auf dem Kopf gehen konnte.« Schon nicht schlecht. Klingt gewaltig. Große Verzweiflung. Große Literatur.

Oder soll ich wie Ludwig Tieck in der »Ochsentour« anfangen: »Ja, das muss wahr seyn, rief Andrack aus, in meinem Leben hab' ich noch keinen Menschen gesehen, der so versessen auf das Wandern ist. Er konnte es nie satt werden, und ich werde zeitlebens an das Jahr denken, in dem ich mich mit ihm herumgetrieben habe.« Ja, das macht Appetit auf mehr.

Am besten trifft es aber, wie so häufig, Johann Wolfgang von Goethe: »Was ich nicht erlernt habe, das habe ich erwandert.«

Mein Plan war, die neuen Bundesländer zu erwandern. Zumindest ein bisschen. Drei Tage lang. Zuerst wollte ich auf dem Goetheweg in Thüringen wandern, dann südlich von Dresden durch die Sächsische Schweiz und schließlich über die Grenze in der Böhmischen Schweiz in Tschechien. Die Drei-Tage-Tour wollte ich zusammen mit meinem Freund Victor unternehmen. Victor kenne ich seit über 20 Jahren. Wir waren beide in der KSJ, der Katholischen Studierenden Jugend. Diese Jugendgruppe hatte 1981 ein bundesweites Sommerlager in Königsdorf, zwischen Wolfratshausen und Bad Tölz gelegen, veranstaltet. Während dieses Zeltlagers freundeten wir uns an und sind seitdem unzertrennlich. Nach einer Hotellehre in Köln hat Victor seinen Zivildienst in Hamburg abgeleistet, weil ihm in Köln die Decke auf den Kopf fiel.

Einen Freund in Hamburg zu haben, fand ich mit Anfang 20 ziemlich cool: Zu St. Pauli gehen, auf der Reeperbahn ein Astra trinken, schnell mal an die Ostsee fahren – das war ein Leben! In Hamburg knüpfte Victor Kontakte zur russischen Schauspielschule in Leningrad und durfte später für zwei Jahre in der Sowjetunion ein Schauspielstudium absolvieren.

Danach ging Victor auf die Ernst-Busch-Schauspielschule in Berlin und war dann ordentlich staatlich geprüfter Diplomschauspieler. Nach einem vierjährigen Engagement am Stadttheater Aachen ging Victor 2000 als freier Schauspieler zurück nach Berlin. Schon zu seinen Aachener Zeiten hatte ich kaum eine Inszenierung mit Victor ausgelassen. Man kann sogar sagen, dass ich zu dieser Zeit ausschließlich ins Theater ging, wenn Victor mitspielte.

Auch in den letzten Jahren habe ich meinen Freund als Groupie zu diversen Produktionen nach Basel, Dresden, Jena, Berlin und Zürich begleitet. Stets haben wir versucht, dem Theater am nächsten Tag noch eine kurze Wanderung folgen zu lassen.

Dieses Mal hatte Victor keine Theatervorführungen. Es sollte unsere erste »reine« Wandertour werden. Wir hatten uns für den Goetheweg entschieden. Und zwar, um keine Missverständnisse aufkommen zu lassen, den Goetheweg von Weimar nach Großkochberg. Noch einige andere Wege tragen den Namen des großen Dichters, denn der Freiherr Johann Wolfgang war gerne und viel zu Fuß unterwegs. So gibt es, um nur die bekanntesten zu erwähnen, den Goetheweg in der Gegend um Ilmenau, den auf den Brocken im Harz und einen Goetheweg in den Alpen, 1800 Meter oberhalb von Innsbruck.

Man weiß zwar, dass Goethe auf dem Brocken war und in den Alpen. Ob er aber auch tatsächlich exakt die Wege abgeschritten ist, die heute in diesen Regionen als Goethewege markiert sind, ist ungewiss. Beim Goetheweg zwischen Weimar und Großkochberg ist das etwas anderes. Diesen Weg ist er zwischen 1775 und 1788 Dutzende Male gegangen.

Es trieb ihn nämlich die Liebe. Im Schloss von Großkochberg wartete seine Angebetete Charlotte von Stein aufs Schäferstündchen, und so ein Ziel macht Beine. Goethe schrieb am 12. Juli 1777:

»... ich habe mich gestern herausgeflüchtet, bin um halb sechs zu Fuß von Weimar abmarschiert und war halb zehn schon hier, da alles schon verschlossen war und sich zum Bettgehen bereitete.«

Goethe – spitz wie Nachbars Lumpi

So, so, der feine Herr Geheimrat Johann Wolfgang hat also für die 28 Kilometer lange Strecke von Weimar nach Großkochberg lediglich vier Stunden benötigt. Das entspräche einer schier unfassbaren WDG von 7 km/h. Hat ihn die hereinbrechende Dunkelheit vorangetrieben? Ist er zwischendurch gejoggt? Hat er geflunkert? Oder war er einfach spitz wie Nachbars Lumpi und ist so richtig volles Rohr zu Charlotte gerast? Übrigens betrug die PKDG (Postkutschendurchgeschnittsgeschwindigkeit) in Goethes Zeit 5,5 km/h. Das entspricht ziemlich exakt meinem sportlichsten Wanderschnitt. Ich wandere also normalerweise im Postkutschen-Tempo.

Victor und ich wollten den Goetheweg-Praxistest durchführen. Am Wielandplatz in Weimar, dem Startpunkt des Goethewegs, kauften wir im REWE an der Ecke noch Proviant und Toilettenartikel ein. Man sollte nie eine längere Wanderung ohne eine Packung Taschentücher starten. Es kann immer sein, dass man es mitten im Wald nicht mehr zur nächsten Toilette schafft. Wenn dann kein Papiertaschentuch zur Hand ist, kann es finster werden. Im REWE gab es Taschentuchhaushaltspackungen und eine Einzelrolle Klopapier. Es entbrannte ein Streit zwischen Victor und mir, ob im Wald im Ernstfall eine Packung Taschentücher oder eine Rolle Klopapier vorzuziehen sei. Victor beharrte auf Klopapier. Meinetwegen!

Dann ging es aber endlich los und nach 300 Metern hatten wir uns verlaufen. An der ersten relevanten Straßenkreuzung gab es keine Markierung. Das weiße G auf grünem Grund hätte eigentlich irgendwo kleben müssen.

Victor machte den Fehler und fragte eine Passantin nach dem Weg. Die Antwort war klar: »Frachen Se mich nich, isch bin swar von hier, aber isch weiß es nich.«

Einheimische wissen nie, wo durch ihr Dorf, ihre Stadt oder ihren Wald der überregionale Weg führt. Diese Erfahrung hatte ich schon beim Hermannsweg und auch bei so manchen Wegen in der Eifel gemacht.

Wir gingen weiter nach Karte und fanden durch das noble Villenviertel von Weimar zurück zum Goetheweg. Es ging noch einige Zeit durch Weimarer Vorstadtstraßen, bis wir eine halbe Stunde nach unserem Start einen Feldweg zwischen Wiesen und Rapsfeldern erreichten. Von hier aus hatten wir einen weiten Blick auf Weimar. Die Stadt liegt in einem flachen Talkessel und auf der gegenüberliegenden Seite konnten wir das Mahnmal des KZ Buchenwald erkennen. Neben mir hörte ich ein monotones Klackern. Ich hatte es erst nicht glauben wollen, aber Victor hatte im Hotel tatsächlich Wander-

Victor mit Wanderstöcken im Thüringer Hochgebirge

stöcke hervorgezogen. Er kannte meine Verachtung für diese Wanderhilfen, versuchte mich aber eines Besseren zu belehren. Er schwärmte in einem fort von der Entlastung für seine Beine und überredete mich, es doch auch einmal zu probieren. Und ich probierte es, scheiterte aber kläglich. Man muss den Stock immer versetzt zum Fuß auf den Boden setzen. Linker Fuß vor, rechter Stock vor, rechter Fuß vor, linker Stock vor. Außerdem ist zu beachten, dass die Stockspitze kurz vor der Schuhspitze den Boden berührt, damit der Auftritt optimal abgefedert wird. Mir war das alles zu kompliziert. Ich entschied definitiv, dass ich beide Arme frei von solchem Wanderschnickschnack haben möchte.

Eine Viertelstunde später passierten wir Vollersroda, einen kleinen Ort zwischen der A4 und Weimar. In der Gegend um Weimar wimmelt es von Orten mit dem Suffix -roda: Kiliansroda, Mechelroda, Vollersroda, Münchenroda, Neckeroda. In und um diese Orte wurde früher ziemlich viel Holz gerodet, daher das -roda hintendran. Und tatsächlich, bis heute wächst um Vollersroda herum kein Baum. Dafür dröhnte mächtig die nahe A4.

Nach Vollersroda bogen wir von der Kreisstraße auf einen sehr schönen Feldweg ab. Es gibt eine ziemlich exakte Klassifikation von Feldwegen:

1. Sehr schöner Feldweg: Zwischen zwei Feldern gelegen, die im besten Fall in voller Blüte stehen und, was noch ein extra Sternchen gibt, mit knallgelbem Raps bepflanzt sind. Und grasbewachsen sollte er sein, damit man federweich beschwingt voranschreiten kann.

2. Schöner Feldweg: Siehe 1, Feldweguntergrund ist aber getrocknete Erde.

3. Nicht so schöner Feldweg: Tiefe Furchen von Traktoren durchziehen den Weg. In der Mitte zu gehen ist anstrengend, weil man ständig zur Seite hin abrutscht, und in der Furche kann man die Füße nur hintereinander setzen.

4. Doofer Feldweg: Mit tiefen Furchen wie bei 3, aber zusätzlich noch am Rand eines Feldes und an einem Waldstück entlang.

5. Sehr doofer Feldweg: Wie 4, aber alles in nass und matschig.

Unser schöner Feldweg war aber leider nach 400 Metern schon zu Ende. Rückblickend betrachtet, war dieser Weg irgendwie das Naturhighlight des gesamten Goethewegs.

Der Goetheweg ist weder ein Tal- noch ein Höhenweg. Ich würde ihn als Wald-und-Wiesen-Weg bezeichnen, dessen Charakteristikum viele Ortsdurchquerungen sind. Insgesamt durchwanderten wir zwischen Weimar und Großkochberg sechs Ortschaften. Das hat gegenüber dem reinen Naturerlebnis den Reiz, den Menschen in die Vorgärten und in die Wohnzimmer schauen zu können, um auf diese Weise interessante Einblicke in das Leben der Einheimischen zu bekommen.

Nach Vollersroda kam Buchfart und dann Saalborn. Wir erreichten Saalborn zehn Kilometer hinter Weimar um 12:30 Uhr. Da wir Hunger hatten, folgten wir dem Schild, das den »Lindenhof« ankündigte.

Wir gingen an einem Mitsubishi vorbei, der eine kleine Südstaatenflagge an der Radioantenne hatte. Auf dem Aufkleber am Heckfenster stand in altdeutscher Frakturschrift »Autonome Gebirgsrepublik Saalborn«.

Am Gasthof »Lindenhof« stellten wir fest, dass die Restauration erst um 15 Uhr geöffnet wurde. Für mich war der Fall erledigt, und ich drängte auf schnelles Weitergehen. Anders Victor. Sein Sportsgeist war geweckt. »Ich klingele da jetzt.« – »Ne, lass doch.« – »Ich klingele jetzt.« Mir ist so etwas immer entsetzlich peinlich, und ich hielt mich dezent im Hintergrund. Victor klingelte. Die Tür ging auf. Ich hörte, wie Victor sich mit jemandem unterhielt. Kurze Zeit später gab mir Victor ein Okay-Zeichen: Alles klar!

Der Wirt war eine stattliche, wohlgenährte Erscheinung. Wir hatten ihn aus seinem Mittagsschlaf geholt, und er trug, was man so trägt, wenn man gerade aus dem Mittagsschlaf geholt wurde – ein T-Shirt, Unterhose und Wollsocken. Er erklärte, dass er noch nie jemanden weggeschickt habe. Seine Frau wäre zwar noch in der Stadt bei ihrer Arbeitsstelle, aber er könnte uns etwas zu essen machen.

Wir wollten uns draußen in die Sonne unter die schöne Linde setzen, die dem Lokal ihren Namen geliehen hatte. »Seid ihr bescheuert, ich lauf doch nicht auch noch hin und her.« Okay, wir gingen also in den Schankraum.

Ich fragte ihn, ob er auch etwas Einfaches ohne Schweinefleisch hätte. »Bist du Moslem, oder was?« – »Nein, nur allergisch gegen Schweinefleisch.« Er ging dann in seiner Unterwäsche in die Küche, um uns Bratkartoffeln mit Spiegeleiern zu machen. »Mit Zwiebeln?«, brüllte er aus der Küche zu uns herüber. – »Ja, klasse, bitte mit Zwiebeln! Dann fliegen wir mit extra Antrieb bis nach Großkochberg«, schrie Victor zurück. – »Ihr wollt heute noch nach Großkochberg? Zu Fuß? Das schafft ihr nicht!« Die Bewohner ländlicher Gebiete können sich beim besten Willen nicht vorstellen, worin der Sinn bestehen soll, freiwillig größere Strecken zu Fuß zu gehen. Jetzt wollte unser Wirt mehr über uns wissen.

»Was seid ihr, seid ihr Studenten?« – Bei diesem faulen Studentenpack kann man sich ja noch vorstellen, dass die montags Zeit haben, durch die Gegend zu ziehen.

»Keine Studenten, ach so. Seid ihr fertige Studenten, mit Mercedes und so?« – Victor gab sich letztendlich als Schauspieler zu erkennen.

Jetzt hörten wir einen Bericht über den Niedergang des Weimarer Nationaltheaters. »Früher sind alle Bauern hier einmal in der Woche ins Theater. Das war schön. Dann haben die in den 60ern angefangen, Goethe mit nur einem Stuhl zu spielen. Nee, nee, ich finde, es geht auch ohne Faust.«

Die Bratkartoffeln waren fertig und schmeckten lecker. Der gesamte Schankraum war mit Fettdunst eingenebelt. Der Wirt setzte sich an die Hammond-Orgel in der Ecke und spielte ein paar alte Schlager.

Als wir fertig gegessen hatten, stellte er sich in seiner Unterwäsche an unseren Tisch und erzählte seine Lebensgeschichte.

Er war ein Jahr vor Kriegsende 1944 in Saalborn geboren. Seitdem hatte er den Ort nicht verlassen. Mit 13 ging er von der Schule und hatte in der LPG (LPG = Landwirtschaftliche Produktionsgenossenschaft) Saalborn gearbeitet. Mit 15 war er mit der Lehre als Bauer fertig. Mit hohem Tempo erklomm er die Karriereleiter. Seinen Meister machte er mit 19, mit 24 das Staatsdiplom in Landwirtschaft. Im gleichen Alter haben »die von der Partei« ihm einen dicken Wagen vor die Tür gestellt und ihn zum LPG-Vorsitzenden von Saalborn gemacht. Er hätte sich nie beschweren können. Selbst mit 40 hatte er noch die Energie, zwei Studiengänge hinter sich zu bringen. 1997 schließlich eröffnete er mit seiner Frau die Gastwirtschaft »Lindenhof«. Natürlich arbeitete er immer noch in der Landwirtschaft.

Jetzt war er 60, hatte die Knochen kaputt und konnte uns deswegen auch nicht draußen bedienen. Wir bedankten uns für seine Gastfreundschaft und gingen weiter.

Links: weder Student noch Moslem,
rechts: Ex-LPG-Vorsitzender

Es sah nach Regen aus. Die Wolken zogen sich zusammen, und es donnerte leicht. Mich fröstelte in meinem kurzärmeligen Polohemd. Typischer Anfängerfehler: Morgens scheint die Sonne, prima Wetter ist vorhergesagt. Man bedenkt dabei nicht, dass so ein Wetter sich während einer Tageswanderung gehörig ändern kann und auch die Wetterfrösche sich mal irren. Außerdem hatte ich Sandalen an und wollte nicht von unten nass werden. Immerhin hatte ich einen Regenschirm mit, aber erstaunlicherweise klarte es nach einer halben Stunde wieder auf.

Für Victor waren es wohl zu viele Zwiebeln gewesen. Er rupfte ungeduldig die Klopapierrolle aus dem Rucksack. Gut, dass wir die noch gekauft hatten. Er murmelte »Bin gleich wieder da«, spurtete in den Wald und verschwand im Unterholz. Ich stand an einem Schild, das erklärte, was eine Wildschwein-Suhle ist. Dann tauchte Victor wieder auf und riss jubelnd die Arme hoch. Wir gingen zügig weiter!

Kurze Zeit später kam uns eine 14-köpfige holländische Senioren-Wandergruppe entgegen. Alle trugen zünftig Kniebundhosen und Karohemden, sie unterschieden sich im Outfit durch nichts von ihren deutschen Wander-Altersgenossen. Nur der Dialekt verriet sie. Die holländische Wandergruppe waren die einzigen Wanderer, die uns heute begegnen sollten. Vermutlich hatten sie gerade an der St.-Hubertus-Hütte Rast gemacht.

Ich habe während meiner Wanderungen schon viele Wanderhütten gesehen. Aber das hier war keine Wanderhütte, sondern ein Hangar. Die ganze Hütte war bestimmt fünf Meter hoch und aus hellem Holz gebaut. Hier fanden ungefähr 50 Leute unter dem riesigen Dach Platz und wenigstens 70 an den Tischen vor der Hütte.

»Holz – und deine Welt hat wieder ein Gesicht« stand in der Hütte geschrieben. So, so. Weder wusste ich, dass ich eine Welt habe, noch dass die ein Gesicht hat oder braucht. Von Goethe ist der Spruch mit Sicherheit nicht.

An einer Wegbiegung außerhalb des Waldes kurz vor Schwarza stand ein Hinweisschild. Darauf war der Standort verzeichnet und eine biographische Wandernotiz von Goethe:

Das ist eine sehr, sehr große Wanderhütte

»Man pflegte mich den Vertrauten zu nennen, auch, wegen meines Umherschweifens in der Gegend, den Wanderer. Dieser Beruhigung für mein Gemüt, die mir nur unter freiem Himmel, in Tälern, auf Höhen, in Gefilden und Wäldern zuteil ward, kam die Lage von Frankfurt zustatten.« Dieses Zitat stammt aus »Dichtung und Wahrheit«. Sein etwas wirres Alterswerk nannte Goethe »Wilhelm Meisters Wanderjahre«. In Fortführung von »Wilhelm Meisters Lehrjahren«, die sich im Theaterumfeld vollziehen, gerät der junge Wilhelm Meister unter den Einfluss einer Art »Wanderer-Sekte«: »Sonderbare Pflichten des Wanderers habe ich auszuüben und ganz eigene Prüfungen zu bestehen. Wie lächle ich manchmal, wenn ich die Bedingungen durchlese, die mir der Verein, die ich mir selbst vorschrieb: Nicht über drei Tage soll ich unter einem Dache bleiben.«

Der wandernde Sturm-und-Drang-Goethe, den es vor allem dichtend in die Natur drängte, war der Godfather der romantischen Wanderbewegung. Es gibt kaum einen Dichter der Romantik, der sich nicht in der Nachfolge Goethes und Rousseaus über die Herrlichkeit der Natur ergeht.

Die Natur war der Landbevölkerung vor allem Hindernis, das es zu bezwingen oder das es ohne große Umwege zu durchqueren galt. Aber am Anfang des 19. Jahrhunderts war Wandern zur Freizeitbeschäftigung der gebildeten Schichten geworden. Johann Gottfried Seume, der von Leipzig bis nach Syrakus gewandert war, schrieb ohne falsches Pathos: »Ich halte den Gang für das Ehrenvollste und Selbständigste in dem Manne und bin der Meinung, dass alles besser gehen würde, wenn man mehr ginge. Fahren zeigt Ohnmacht, gehen Kraft.« Spitze! »Fahren zeigt Ohnmacht, gehen Kraft« ist ein Superslogan für einen Autoaufkleber. Besser noch ist der Satz natürlich als Sinnspruch für einen Wanderrucksack-Aufkleber geeignet, um die frohe Botschaft hinaus in die deutschen Mittelgebirge zu tragen.

Die Romantiker wanderten erstmals, weil sie wollten, nicht weil sie mussten. Sie wanderten durch die Natur, um die Natur zu genießen, und nicht um möglichst schnell an ein Ziel zu gelangen.

In diesem Sinne verfehlte gerade der Weg, auf dem wir unterwegs waren und der auch noch den Namen Goethes trug, völlig seinen romantischen Zweck. Denn diesen Weg war Goethe nicht um der Natur willen gegangen, sondern um möglichst schnörkellos ins Bett von Frau von Stein zu gelangen. (Dass sich das jetzt auch noch reimt, ist echt Zufall. Ehrenwort.)

Nach Schwarza ging es einen Hügel hoch. Der Weg wurde jetzt steiler, und vor uns erhob sich eine Bodenwelle, über die eine Holztreppe führte. Von unten erinnerte die Bodenwelle an einen Deich an der Nord- oder Ostsee, und man erwartete dahinter unweigerlich das rauschende Meer. Aber nix da. Hinter der Holztreppe erstreckte sich eine Hochebene. Der Wanderweg schlängelte sich als dünnes Band durch die Landschaft. Man konnte schon bis zum nächsten Ort, Hochdorf, schauen, der ungefähr vier Kilometer entfernt war. In der nächsten Dreiviertelstunde war somit mit keinerlei Überraschungen zu rechnen. Langsam wurde es öde. Es war gut, nun nicht allein zu wandern und jede Menge Zeit für besinnlich-meditativ-kontroverse Themen aller Art zu haben.

Wir wetteten, wie weit Warschau von der deutsch-polnischen Grenze entfernt ist. Ich sagte, 300 Kilometer, Victor, 480 Kilometer. Später haben wir das ausgemessen. Victor hatte knapp gewonnen, wenn man von der Luftlinie ausgeht.

Wir verglichen die Stärken und Schwächen der einzelnen Mannschaftsteile von Real Madrid und dem 1. FC Köln.

Wir diskutierten, ob der ästhetische Genuss eines Stierkampfs höher als die Grausamkeit gegenüber den Stieren zu bewerten sei.

Wir sangen einen Wanderlied-Klassiker: »Mein Vater war ein Wandersmann, und mir steckt's auch im Blut, d'rum wand're ich, so lang ich kann, und schwenke meinen Hut, Faleri, Falera, Faleri, Falerhahaha, Faleri, Falera, und schwenke meinen Hut.«

Wir überlegten, warum der Läufer beim Schach eigentlich Läufer und nicht Wanderer heißt. Die Bezeichnung »Läufer« hat sowieso etwas Herablassendes. Im Sinne von Laufbursche. Im englischen Sprachraum kommt dieser Figur wenigstens noch die ihm angemessene Würde zu. Dort heißt der »Läufer« »bishop«, um ganz genau zu sein, »queen‘s bishop« auf der einen und »king‘s bishop« auf der anderen Seite. Aber einfach nur Läufer?

Ich bezweifelte ganz allgemein, ob das ständige Stretchen während des Wanderns sinnvoll ist. Ich deutete vorsichtig an, dass es leicht übertrieben sein könnte, dass Victor alle 600 Meter an jedem Weidenpfosten Halt machte und konzentriert und fachmännisch seine Beine dehnte.

So schafften wir es nach Hochdorf. Die Gaststätte des Ortes hatte geschlossen. Aber nicht nur heute, sondern für immer. So war es übrigens bisher bei allen Gasthöfen gewesen, die auf der Wanderkarte eingezeichnet waren. Dagegen tauchte der »Lindenhof«, die wunderbare Gaststätte unseres Ex-LPG-Vorsitzenden, nirgends auf.

Eine halbe Stunde später waren wir in Neckeroda. Dieser Ort bestach durch die Bundesstraße von Rudolstadt nach Weimar, an der wir 800 Meter entlanggehen mussten. Außerdem berichtete eine Tafel: »Beim großen Brand 1776 kam Goethe mit dem Herzog Karl August und der Schlauchspritze zum Löschen.« Fragt sich nur, was besser gelöscht hat, der Herzog oder die Schlauchspritze.

Nach der Bundesstraße gingen wir auf einem ungefähr zwei Meter breiten, asphaltierten Weg, auf dem uns ständig Autos mit großer Geschwindigkeit entgegenkamen. Wir hatten den Weg ein bisschen abgehakt nach dem Motto: Goetheweg? – Sind wir halt auch mal gegangen.

Ich fühlte mich wanderkilometermäßig noch unbefriedigt und unterfordert. Victor schien am Ende seiner Kräfte zu sein. Meine Taktik war klar. Bei einem leckeren Bier in Großkochberg wollte ich ihn von noch weiteren acht Kilometern bis zur nächsten Bahnstation in Rudolstadt überzeugen. Doch schon kurz vor Großkochberg wiegelte er bereits ab: »Warte mal ab, die nächsten zwei Kilometer wollen auch erst einmal gegangen sein.« Wie Recht er haben sollte.

Nach einer Viertelstunde ging erst einmal ein kräftiger Regenschauer auf uns herab. Ich holte meinen Regenschirm heraus, aber er war so klein, dass es mir auf die nackten Arme regnete. Also ging ich mit angewinkelten Armen weiter. Victor verzichtete »wie ein Mann« auf Regenschutz. Wir kamen zum Luisenturm, der eine perfekte Aussicht über das Thüringer Land bietet. So stand es jedenfalls im Reiseführer. Aber wir hatten für heute genug Aussichten auf das Thüringer Land gehabt. Keine Zeit für den Luisenturm. Wir wollten nach Großkochberg, basta.

Es begann ein steiler Abstieg von der Hochebene. Der Weg führte 200 Höhenmeter abwärts über eine Graswiese. Ich bereute es mehr denn je, dass ich mich für die Wandersandalen entschieden hatte. Nach einigen Metern knickte ich bei einer unbedachten Bewegung um. Schon seit meiner Jugendzeit habe ich labile Bänder und bin schon so oft mit dem Fuß umgeknickt, dass es zu mehreren ordentlichen Bänderdehnungen gereicht hat.

Meine Wanderschuhe geben mir einen ungleich besseren Halt an den Knöcheln als die blöden Sandalen. Ich fühlte vorsichtig am Knöchel: Alles noch heil.

Keine 300 Meter weiter habe ich mich dann so richtig auf die Fresse gelegt, da meine Sandalen über so gut wie kein Profil mehr verfügen. Es muss ausgesehen haben wie in einem Tim-und-Struppi-Comic, wenn Käpt'n Haddock auf einer Bananenschale ausrutscht. Einfach nach hinten weggerutscht. Mir bereiteten meine linke Hand, die rechte Gesäßbacke und mein rechtes Bein Höllenschmerzen. Für den weiteren Abstieg reichte mir Victor seine Wanderstöcke. Hatte er nicht ein leicht triumphierendes »Das-wäre-dir-mit-Stöcken-nicht-passiert-Lächeln« auf den Lippen? Ich legte den letzten Kilometer nach Großkochberg humpelnd zurück.

Im Eiscafé von Großkochberg ließen wir uns nieder. Wir bestellten zwei Saalfelder Pilsener und zwei Stück Mandel-Sahne-Torte. Die Torte war selbst gemacht und schmeckte großartig. Bekannte aus Weimar hatten uns vorher gesagt: »Das Schloss von Großkochberg, da müsst ihr unbedingt rein, das ist sen-sa-tio-nell.« Die Frau aus dem Eiscafé erklärte uns, dass wir das Charlotte von Stein'sche Schloss nicht besuchen könnten, da es montags geschlossen habe. Ihr gegenüber war unser Bedauern groß, aber insgeheim waren wir froh, von dieser kulturellen Pflichtveranstaltung befreit zu sein. Zwei zwölfjährige Mädchen gingen über die Dorfstraße. Sie spuckten im 90-Grad-Winkel über sich in die Luft und liefen dann vor ihrer eigenen Spucke weg. Das Großkochberger In-Spiel 2004: Lauf-vor-deiner-eigenen-

Victor hat eine dicke Thüringer Wurst entdeckt

Spucke-weg! Danach zündeten sich die beiden eine Zigarette an.

Ich war deprimiert und entnervt nach dem Sturz. Der Himmel wurde tiefschwarz, und leichtes Donnergrollen war zu hören. Ich beschloss, meine Wandertaktik noch einmal zu überdenken.

Plötzlich gab ich es als meine Idee aus, nicht mehr weiterwandern zu wollen. Ich überzeugte Victor von etwas, das er immer schon so gesehen hatte. Ich erklärte ihm, dass ich mich beim Wandern oft überschätzen würde. Nicht nur damals, als ich 50 Kilometer von Leopoldstal nach Bielefeld gegangen war. Das war zu viel gewesen und hatte mich eindeutig überfordert. Es würde mir ja auch immer schwer fallen aufzuhören, wenn es am schönsten ist. Wenn auf den letzten acht Kilometern

Das Hotel »Elephant«: Thomas Mann auf dem Balkon und ich davor

nach Rudolstadt noch etwas unglaublich Aufregendes bevorstünde, würde ich weitergehen. Aber vielleicht wäre das falscher Ehrgeiz. Der Weg war laut Kartenlage absolut trostlos. Noch trostloser als bisher. Das würde nichts mehr bringen. Und er solle sich mal den Himmel anschauen. Es würde gleich junge Hunde regnen, wie man so schön sagt. Victor nickte. War Goethe etwa weitergegangen? Nein!

Wir ließen uns mit einem Taxi von Großkochberg nach Weimar durch den mittlerweile strömenden Regen fahren. Goethe hatte kein Taxi gehabt: »Tief in der Nacht war ich nach mühsam erstiegener halber Gebirgshöhe eingetroffen in einer leidlichen Herberge.« Unsere Herberge in Weimar, das Hotel »Elephant«, war nicht leidlich, sondern luxuriös. Das traditionsreiche Hotel gehört mittlerweile zu der Sheraton-Kette und ist ein Fünf-Sterne-Hotel.

Goethe nächtigte im »Elephant« und brachte später

auch seine Gäste dort unter. Thomas Mann gehörte zu den Stammgästen, aber auch Adolf Hitler.

Victor und ich hatten ein Zimmer mit Bad und WC. Schon in der Jugendgruppe haben wir in gemeinsamen Schlafsälen und Zelten genächtigt. Da war ein Doppelzimmer in einem Fünf-Sterne-Hotel ein echter Fortschritt. Wir machten uns ein wenig frisch, und ich zog eine neue Hose an. Wir beschlossen den Abend im Weimarer Nationaltheater und sahen ein phantastisches Puppentheaterstück. Und vor den Säulen des Theaters wachten Goethe und Schiller Hand in Hand auf ihrem Sockel über Victor und mich.

Wegstrecke:	28 Kilometer
Wanderzeit brutto:	7 Stunden, 3 Minuten
Wanderzeit netto:	5 Stunden, 51 Minuten
WDG:	4,78 km/h
Autokennzeichen:	Von WE (Weimar) nach AP (Apolda) bis ganz ganz knapp vor SLF (Saalfeld)
Wanderkarte:	Kompass, Spezial Wander- und Radtourenkarte, Weimar – Jena – Holzland, 1:50.000
Das Bier der Region:	Weimarer Pilsener
Höchster Punkt der Wanderung:	525 m (Luisenturm)
Niedrigster Punkt der Wanderung:	230 m (Weimar, Wielandplatz)

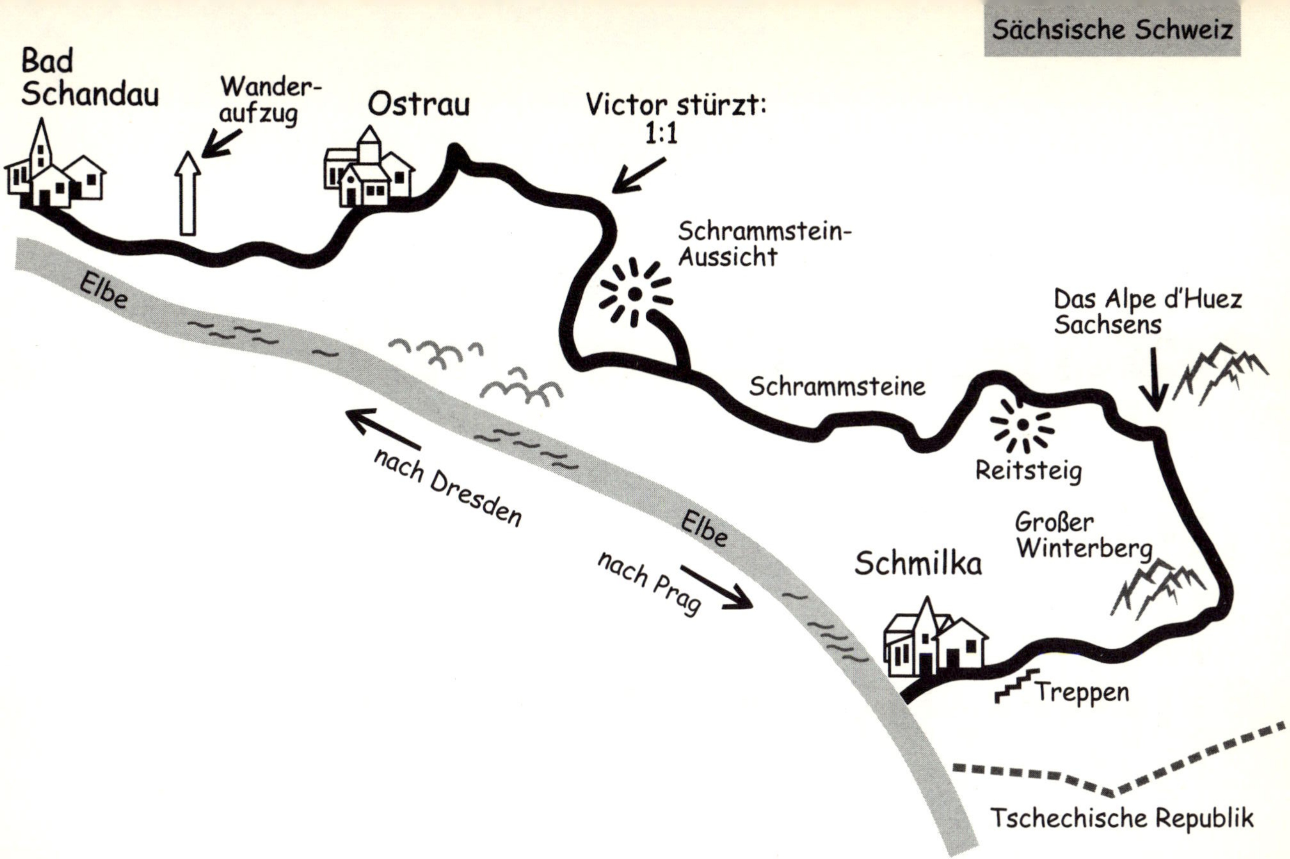
Sächsische Schweiz
Bad
Schandau
Wander-
aufzug
Ostrau
Victor stürzt:
1:1
Schrammstein-
Aussicht
Das Alpe d'Huez
Sachsens
Schrammsteine
Reitsteig
Großer
Winterberg
Schmilka
Treppen
Elbe
nach Dresden
Elbe
nach Prag
Tschechische Republik

Durchs wilde Karl-May-Land

Auf den Höhen der Sächsischen Schweiz

Mai 2004

Victor und ich waren morgens mit dem ICE von Weimar über Leipzig nach Dresden gefahren. Dort nahmen wir den Eurocity 173 von Hamburg über Berlin, Dresden und Prag nach Wien. Der Zug fuhr in äußerst gemächlichem Tempo an der Elbe entlang Richtung Süden. Die Grenzbeamten kontrollierten als bilaterales Doppelpärchen die Pässe. Jeweils zwei deutsche und zwei tschechische Beamte gingen von Reihe zu Reihe. Wir zeigten unsere Pässe nicht, da wir vor der Grenze aussteigen würden, was man uns erstaunlicherweise sofort glaubte.

In Bad Schandau verließen wir den Zug und fuhren mit dem Taxi zum »Parkhotel Bad Schandau«, um das Hauptgepäck abzuladen und uns wanderfertig zu machen. Wir hatten ein traumhaftes Zimmer, das auf eine tiefe und breite Terrasse hinausführte. Zwischen mächtigen Südstaaten-Häuser-Säulen hatte man einen wunderbaren Blick auf die Elbe. Nur mit Mühe konnte mich Victor davon abhalten, eine Runde in der Elbe zu schwimmen, so reizvoll präsentierte sich das Panorama.

Wir waren nicht zum Schwimmen hier. Wir wollten uns einen Teil der Sächsischen Schweiz im Elbsandsteingebirge vornehmen, den wir noch nicht kannten. Es sollte von Bad Schandau aus Richtung tschechische Grenze gehen.

Vor zwei Jahren nach einer Theatervorstellung von Victor in Dresden hatten wir die weltberühmte Felsenformation Bastei erstiegen und waren durch die Schwedenlöcher gewandert. Felsen, Schluchten und Wege haben hier ungewöhnliche Namen: Schlaglöcher, der Diebskeller, ein nasses Loch, ein Buttermilchloch, die Honigsteine, der Satanskopf, der Heulenberg, der Mordgrund, die Nasenhöhle, der Hippengrund, die Gutebierwände, der Berg Kleine Liebe, die Affensteine und der Böse Turm. Wir stellten uns die alten Sachsen vor, wie sie sich diese Namen ausdachten und sich dabei vor Lachen die Bäuche gehalten haben.

Heute wollten wir nicht zur Bastei, sondern über den Gratweg der Schrammsteine wandern. In meinem Wanderführer »Wandern in der Sächsischen Schweiz« waren insgesamt 30 Touren beschrieben. Nur zwei davon galten als anspruchsvoll. Die anderen Touren waren als mittelschwer und einfach eingestuft worden. Keine der Wanderungen hätte meinen Sportwanderungs-Vorstellungen entsprochen. Sie waren allesamt zu kurz. Aber die Schrammstein-Tour mit dem Prädikat »anspruchsvoll« und einer Länge von 15 Kilometern schien mir für eine Halbtagestour angemessen. Schließlich konnten wir, durch unsere Anreise bedingt, erst um 13:30 Uhr starten.

Der Aufzug gegenüber dem Hoteleingang sah aus wie ein kleiner Eiffelturm, der ein keckes, lustiges Hütchen

Wanderaufzug mit Hütchen – sen-sa-tio-nell

aufhat. Ich hatte noch nie eine Wanderung mit einer Aufzugsfahrt begonnen. Für 1,25 Euro fuhren wir zusammen mit einem Liftboy hoch nach Ostrau. Dort sah es sehr eigentümlich aus: ungefähr 100 Jahre alte Ferienvillen, deren Baustil ich als eine Mischung aus Wildem Westen, Jugendstil und Schwarzwaldhäusern beschreiben würde. Sehr hübsch.

Hinter Ostrau verlief der vom Wanderführer vorgeschlagene Weg parallel zu einer Kreisstraße. Auf der Wanderkarte war jedoch eine Alternative zu erkennen: ein direkter Weg durch grüne Wiesen zu den bizarren Formationen der Schrammsteinfelsen.

Es war kein richtig gutes, aber auch kein ausgesprochen schlechtes Wetter. Der Himmel war grau. Der Wetterbericht am Morgen hatte von ergiebigem Regen gesprochen. Der Terminus »ergiebig« im Zusammenhang mit Regen ließ mich frösteln. »Regenschauer« wäre ja noch okay gewesen, aber die Formulierung »ergiebiger Regen« machte uns ein wenig Angst. Auf der Hinfahrt hatten wir aus den nassen Straßen in Dresden geschlossen, dass die Regenfront schon vor uns angekommen sein musste.

Ich hatte heute meine Wanderschuhe angezogen, um auf den zu erwartenden Kletterpartien trittsicher zu sein. Wenn es bereits geregnet hatte, würden die Felsen noch rutschiger sein. Und ich hatte mir vorgenommen, dass sich der »Sturz vom Goetheweg« nicht wiederholen sollte.

Wir waren den Schrammsteinfelsen schon recht nah, uns trennte nur ein kleines Tal. Auf schmierig verschleimten Holzbohlen-Stufen ging es bergab. Ich ging voran. Wir waren kaum 200 Meter gegangen, als ich ein beunruhigendes Geräusch hörte.

Es klang wie Pfflls-Pbllmm-Krrpsch. Oder war es doch eher ein einfaches Wrrosch?

Ich drehte mich um, und Victor war gestürzt. Das Geräusch hatte sich gruselig angehört, sodass ich mir ernsthaft Sorgen um seine Gesundheit machte. Ich fürchtete Beinbrüche und Schlimmeres. Doch das Einzige, was von Victor kam war: »Scheiße, 1:1.«

Da hatte doch dieser Mensch, den ich eigentlich zu meinen zwei besten Freunden zähle, den ich schon öfters, auch vor Zeugen, gar als meinen besten Freund bezeichnet habe, da hatte also dieser so genannte Freund ernsthaft darauf spekuliert, dass ich mich bei der heutigen Wanderung noch das ein oder andere Mal auf den Hosenboden setzen würde.

Er hatte förmlich darauf gewartet, fröhlich triumphierend 2:0 und 3:0 durch den Wald krähen zu können, während ich mich mühsam wieder aufgerappelt hätte. Und nun das.

Ich kümmerte mich mit freundschaftlich gemeinten Sprüchen um ihn:

»Keine Sorge, Victor, ich gehe weiter voran und weise dich auf feuchte Stellen hin.«

»Vorsicht, Victor, hier sind die Treppenstufen etwas unregelmäßig gestaltet, tu dir bitte nicht noch einmal weh.«

»Victor, soll ich nicht mal den Rucksack nehmen? Dann kannst du dich besser auf den Weg konzentrieren. Das wäre glaube ich besser für dich.«

Nichts ist schöner als die Häme nach dem Triumph. Diese Art der Jungs-Rivalität haben wir uns über die Jahre erhalten, mit immer neuen Wetten und Wettkämpfen, um uns aneinander zu messen. Im Januar waren wir in der Schweiz in Braunwald im Kanton Glarus gewesen. Wir sind nicht Ski gefahren, sondern geschlittelt, wie die Schweizer so wunderbar sagen. Es hört sich nicht so bräsig an wie Schlitten fahren. Schlitteln ist knackig und sportlich. Und oben in Braunwald gab es Ia-Schlittelbahnen, die eine Mischung aus professioneller Rodelbahn und Spazierwegen durchs Dorf waren.

Dort fuhren Victor und ich Rennen. Natürliche Hindernisse wie Spaziergänger und Planierraupen wurden, so gut es ging, umfahren. Nur einmal erwischte Victor versehentlich eine Spaziergängerin. Auf der wilden Hatz nach unten blieb leider keine Zeit für eine Entschuldigung. Wir versuchten uns mit Tritten und Armstößen aus der Bahn zu werfen, und hatte sich einer von uns beiden in der Haarnadelkurve versteuert und sich mit dem Schlitten in den Schnee gebohrt, fuhr der andere mit Triumphgeheul vorbei.

Diese Ben-Hur-Rennen auf Schlitten wollten wir nicht beim Wandern umsetzen. Wir stellten uns vor, wie albern es sein würde, die ganze Zeit rangelnd durch die Landschaft zu stolpern. So erfanden wir eben Ersatzkonkurrenzen wie die »Sich-auf-die-Schnauze-legen-Disziplin«. Und da stand es jetzt 1:1. (Wie verbissen dieses Duell in den Köpfen der Beteiligten geführt wurde, zeigt der Traum von Victor, den er mir am nächsten Morgen erzählte. Er hatte geträumt, dass ich mich noch einmal spektakulär auf die Fresse gelegt und er somit den Sieg errungen hätte.)

Nach Victors Sturz stiegen wir ungefähr 150 Meter bergan Richtung Schrammsteine. In die Felsen am Wegesrand hatten sich »Schmierfinken« früherer Jahrzehnte in unterschiedlichen Felsen verewigt. Wir konnten Jahreszahlen wie 1896, 1929 und 1943 deutlich erkennen und dazu die jeweiligen Namen. Stein-Graffitis für Jahrzehnte oder gar Jahrhunderte. Auf mittlerer Höhe zwischen Elbe und Felsengrat verlief ein sandiger Weg, der direkt nach Schmilka, unserem Zielort, führte. In der Sächsischen Schweiz sind die Wege so angelegt, dass an vielen Kreuzungspunkten die Möglichkeit besteht, sich eine individuelle Route zusammenzustellen. Aber der sandige Weg wäre die Warmduscher-Variante gewesen. Uns lockte die Schrammsteinaussicht und der damit verbundene Aufstieg.

Extrem-Kletterer, Alpinisten und Hochgebirgsspezialisten werden jetzt vermutlich ein leichtes Gähnen nicht unterdrücken können. »Aufstieg mit Treppen und Leitern? Lächerlich!« – höre ich diese Berggemsen stöhnen. »Wir machen das, nur mit einem Seil gesichert oder sogar mit purer Fingerkraft.« Alles richtig, aber für einen Mittelgebirgs-Wandersportler wie mich war das hier schon ein richtiges Abenteuer.

Es ging kreuz und quer durch schmale Felsspalten aufwärts. Mal gab es Eisentreppen, mal Eisenleitern, die einem auf dem Weg nach oben halfen. Die Eisenleitern erinnerten an die Hotel-Notstiegen, die als Fluchtmöglichkeit im Ernstfall dienen. Oft gab aber auch nur ein einfacher Handlauf aus Eisen Halt. »Wildschützensteig« nannte sich dieses Stück und war so steil, dass es verboten war, ihn als Abstieg zu nutzen: ein Einbahnstraßen-Wanderweg. Und hier erschloss sich mir auch die wahre Bedeutung des Begriffs »Steig« – hier wurde gestiegen. Er hatte den Steig im Namen verdient, anders als seine aufgeplusterten Kollegen in Thüringen oder im Rothaargebirge.

Nach einer halben Stunde erreichten wir den Gipfel. Heureka, was für eine Aussicht! Tief unter uns glitzerte das schmale Band der Elbe. Die vorbeibummelnden Eurocitys Richtung Prag sahen aus wie Modelleisenbahnen der Minispur Z. Und in allen Himmelsrichtungen gab es bizarre Felsen zu sehen. Mein Freund kletterte auf eine Brüstung und machte den Victor di Caprio mit »I'm the king of the Elbsandsteingebirge«.

I'm the king of the Elbsandstein-gebirge!

Im Dresdener Hauptbahnhof hatten wir im »Orient-Shop« alles für ein Gipfelpicknick eingekauft: drei kleine Fladenbrote, zwei superscharfe türkische Knoblauch-Salami-Würste, ein Schälchen eingelegte Oliven, ein Schälchen Peperoni mit Schafskäse gefüllt und eine Flasche Chianti. Keine Pappteller, keine Pappbecher. Wozu auch, wir hatten doch immer noch die Klopapierrolle aus dem REWE in Weimar.

Im Hotel hatten wir uns einen Korkenzieher geliehen. Wieso Korkenzieher? Hat denn der Wander-Andrack nicht immer ein Schweizer Messer dabei? Nein.

Erster Grund: Die Dinger sind hammerteuer, und ich habe beide Exemplare, die ich in meinem Leben besessen habe, innerhalb weniger Wochen verschlampt.

Zweiter Grund: Schweizer Messer sind etwas für Jungs, die später Physik studieren und bunte Pullover mit Muster anhaben. Kurz: Schweizer Messer sind uncool.

Zwei bayrische Männer, die sich in unsere Nähe gesetzt hatten, blickten jedenfalls neidisch auf unser Festmahl. »Das ist Kultur«, nickten sie anerkennend.

Nach der Schrammsteinaussicht ging das Gekraxel weiter über einen Grat, der diesen Namen wahrhaft verdient hatte. Man könnte es so beschreiben: Der Kammweg des Rothaarsteigs führt über den breiten Rücken eines Bergs, der wie ein schlafender Riesenwal in der Landschaft liegt. Der Gratweg über die Schrammsteine gleicht dem zackigen Kamm eines hyperaktiven, Feuer spuckenden Drachens.

Kein Wunder, dass Karl May fast nie die Orte, über die er schrieb, bereist hat. Er wohnte in Radebeul nahe Dresden und konnte sich um die Ecke von der Sächsischen Schweiz für das wilde Kurdistan und den Silbersee inspirieren lassen.

Der Weg mündete schließlich in einem dichten Wald. An einer Kreuzung – ähnlich wie in der Schweiz waren die Kreuzungen hier mit Zeitangaben ausgeschildert – hieß es, dass es noch eine Stunde bis zum Großen Winterberg wäre und die Gaststätte oben bis mindestens 17:00 Uhr geöffnet hätte. Was hieß »mindestens« konkret? Wir hatten 16:23 Uhr, und Victor zog das Tempo an. Vorher waren wir eher gemütlich geschlendert, nun wurde ordentlich ausgeschritten. Victor ging drei Schritte vor, ich folgte ihm, bereit, jede Attacke zu kontern. Ein Blick zurück genügte, um uns zu vergewissern, dass wir das Hauptfeld längst abgehängt hatten. Es würde zum erwarteten Zweikampf der alten Rivalen Manuel Ullrich und Victor Armstrong kommen. Heute ging es um viel. Es ging um alles. Diese Bergankunft konnte die ganze Tour entscheiden. Der psychologische Vorteil des Siegers gegenüber seinem Konkurrenten wäre wahrscheinlich nicht mehr aufzuholen. Die beiden Wander-Titanen waren jetzt ganz auf sich allein gestellt. Keiner der treuen Helfer hatte dieses höllische Tempo mithalten können. Dann die letzten Meter zum Gipfel des Großen Winterbergs – das sächsische Alpe d'Huez, wie sich die Wanderkenner mit Ehrfurcht zuraunten.

Victor verlor an einer Kreuzung kurz die Orientierung. Manuel Ullrich kannte das Höhenprofil der Etappe in- und auswendig. Ohne auf Schilder zu achten, zog er den Aufstieg hinauf, überholte Victor und war jetzt drei Schritte vorne. Manuel verschärfte das Tempo. Victor hatte Mühe zu folgen. Noch 1000 Meter bis zum Ziel. Manuel startete eine Attacke. In seinem Nacken hörte er den Kontrahenten keuchen. Manuel nahm wieder ein wenig Tempo heraus. Die Grundgeschwindigkeit war

Victor geschlagen am sächsischen Alpe d'Huez

aber für eine Wanderung bergauf immer noch höllisch. 300 Meter später die nächste Attacke. Manuel schaute Victor mitten ins Gesicht. Wie viel hatte der Junge noch drauf? Gnadenlos arbeiteten die Beine der beiden. 200 Meter vor dem Ziel die Schlussattacke von Manuel. Hinter ihm bringt Victor ein gekeuchtes »Vergiss es« hervor, aber Manuel wusste, dass er noch einiges zulegen konnte. 100 Meter vor dem Ziel verfiel Manuel in den Wiegeschritt der professionellen Geher, bis er die letzten Meter durchs Ziel sprintete. Victor war geschlagen. Einige Meter hinter seinem Bezwinger trudelte er ins Ziel. Ein schwerer Tag für Victor Armstrong, ein großer Tag für Manuel Ullrich, ein großer Tag für den Wandersport.

Um 17:07 waren wir oben angekommen und gönnten uns nach unserem Bergrennen eine große Apfelsaftschorle. Victor war ein fairer Verlierer. Die Tatsache, dass er während des Aufstiegs den Rucksack hatte tragen müssen, führte er äußerst selten als Grund für seine Niederlage an. Eigentlich fast überhaupt nicht.

Es waren nun noch zwei Kilometer bergab zu bewältigen. Über 400 Höhenmeter gingen wir endlose Treppenstufen bergab. Wir kamen uns vor wie in einem schlechten Traum: Es hatte geklingelt im Haus, und nun war man auf dem Weg durchs Treppenhaus nach unten. »Komme schon«, »Bin gleich da« – es klingelt wieder –, »Ja, ja«, »Minütchen« – aber das Treppenhaus wollte und wollte nicht enden. Schrecklich.

Endlich erreichten wir Schmilka, ein kuscheliges Dörfchen an der Elbe, direkt an der tschechischen Grenze.

Sächsische Wanderweisheit

Ähnlich kuschelig waren auch die Müller-Sprüche an den dortigen Mühlen:

»Ein Mühlstein und ein Menschenkind
Wird stets herumgetrieben
Wenn beides nichts zu reiben hat
Wird beides selbst zerrieben«

und

»Wenn ich eine Mühle hätt
Und ein schönes Weib im Bett
Und dürfte keine Steuern zahlen
Würd ich ohne Sorgen mahlen«

In einer Gaststätte mit Außenterrasse an der Elbe warteten wir auf die Fähre, die uns zur S-Bahn am anderen Flussufer bringen sollte.

Victor hatte keine Lust, so lange zu warten. Er stellte sich mit aufgerecktem Anhalter-Daumen an den Straßenrand. Ich blieb an meinem Platz sitzen. Ich wettete mit ihm, dass auf die Länge eines herrlich kühlen Weizenbieres kein Auto anhalten würde. So wiesen auch die meisten Autofahrer Victors Anhalter-Wunsch brüsk zurück. Zwei junge Damen kicherten in sich hinein, fuhren dann aber schnell weiter. Beim letzten Drittel des Weizens bekamen wir ein Angebot vom Pärchen am Nebentisch: bis nach Bad Schandau könnten sie uns mitnehmen.

Die beiden waren um die 30 Jahre alt und kamen aus Dresden. Sie waren gerade in Tschechien tanken gewesen. Der junge Mann war ein ausgesprochener Schnäppchenjäger. Er hatte Turnschuhe für 9 Euro 99 Cent an den Füßen und bei Aldi Wanderschuhe für 22 Euro erstanden. »Luftgepolstert, mit allem Piff und Paff. Aber man kommt ja so selten zum Wandern.« Obwohl der Sachse, so lernten wir, sehr gerne wandert und sogar in der freien Natur übernachtet.

Für diese Übernachtungen sucht man sich in der Felslandschaft geeignete Überhänge. Dann legt man sich auf den nackten Stein und deckt sich gewissermaßen mit dem über einem befindlichen Riesenfels zu. Nach zwei Flaschen Whiskey sei das überhaupt kein Problem, versicherte der junge Mann aus Dresden. Dieses Felsenbett nennt man in Sachsen »Boofe«.

Victor und ich beschlossen, bei unserem nächsten

Besuch in der Sächsischen Schweiz auch einmal in einer Boofe zu übernachten.

Zehn Minuten nach der Abfahrt in Schmilka waren wir wieder an unserem Ausgangspunkt angelangt. Das ist das Phantastische an diesem Wandergebiet. Auf kompaktem Raum gibt es zahlreiche traumhafte und abwechslungsreiche Touren. Stets ist man schnell wieder an seinem Ausgangspunkt, ob in Bad Schandau oder im Kurort Rathen unterhalb der Bastei. Eine ganz klare Eins mit Sternchen für die Sächsische Schweiz.

Wegstrecke:	14 Kilometer
Wanderzeit brutto:	4 Stunden, 35 Minuten
Wanderzeit netto:	3 Stunden, 33 Minuten
WDG:	3,94 km/h
Autokennzeichen:	Innerhalb von PIR (Pirna)
Wanderkarte:	GeoMap, Nationalpark Sächsische Schweiz/ Böhmische Schweiz – Elbsandsteingebirge, 1:30.000

(Sehr merkwürdiger Maßstab. Auf meinem Messrädchen gibt es diesen Maßstab nicht. Ich musste die Strecke mit dem Maßstab 1:300.000 vermessen und das Ergebnis dann durch 10 teilen. Na ja, es gibt Schlimmeres.)

Das Bier der Region:	Radeberger Pilsener
Höchster Punkt der Wanderung:	556 m (Großer Winterberg)
Niedrigster Punkt der Wanderung:	124 m (Bad Schandau)

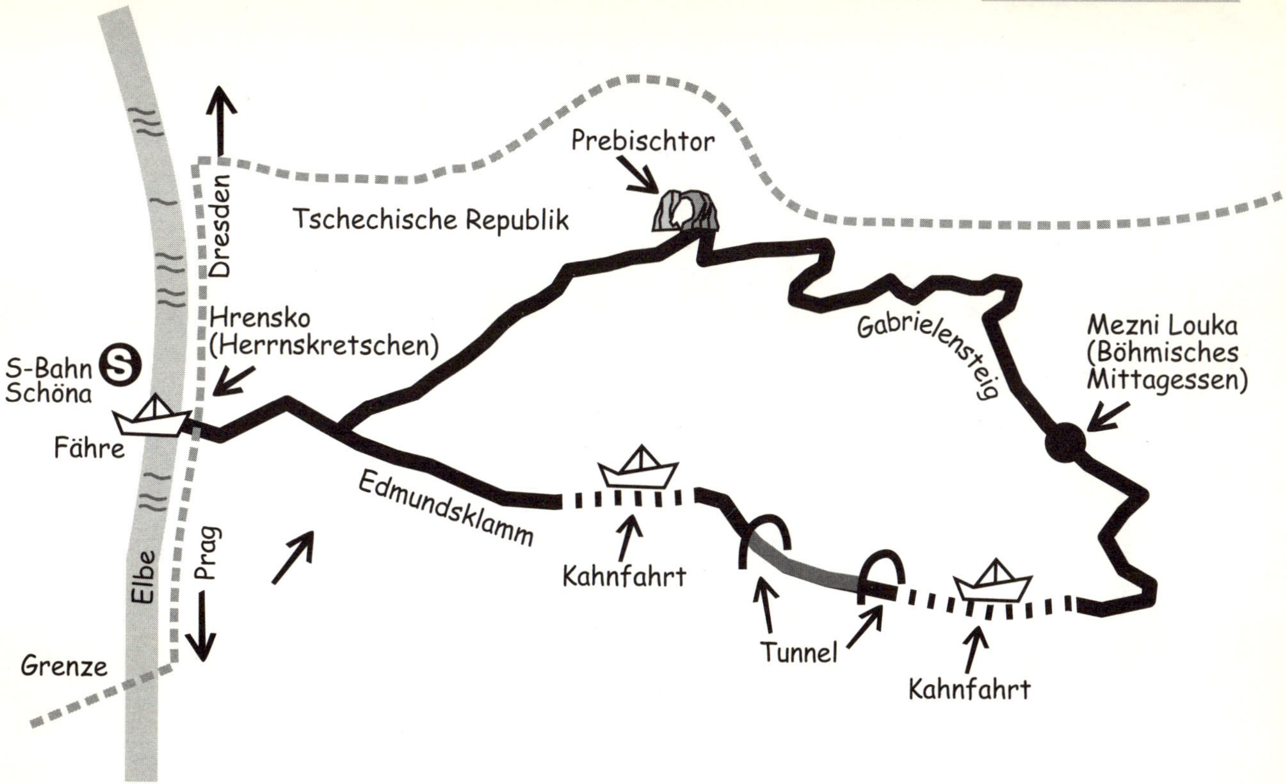
Prebischtor
Tschechische Republik
Dresden
Hrensko
(Herrnskretschen)
S-Bahn
Schöna
Fähre
Elbe
Prag
Grenze
Edmundsklamm
Kahnfahrt
Tunnel
Tunnel
Kahnfahrt
Gabrielensteig
Mezni Louka
(Böhmisches
Mittagessen)

Flüssige Wanderwege

Durch die Böhmische Schweiz von Hrensko nach Hrensko

Mai 2004

Der ZDF-Wetterbericht im Morgenmagazin hatte für ganz Deutschland regnerisches Wetter gemeldet. Für ganz Deutschland? Nein: »Sonnig im äußersten Osten des Landes«, und wir waren im äußersten Osten und wollten das befreundete EU-Ausland erforschen. Gebirge und tolle Wandergebiete machen nun mal vor Staatsgrenzen nicht Halt. Das Hohe Venn verbindet die nördliche Eifel und das südliche Belgien. Im deutsch-luxemburgischen Naturpark verschmelzen die Luxemburgische Schweiz und die Eifel. (Es gibt ganz schön viele »Schweizen« außerhalb der Schweiz. Die lustigste ist die Holsteinische Schweiz mit dem 168 Meter hohen Berggiganten Bungsberg.) Der Bayrische Wald geht nahtlos in den Böhmerwald über, und das Erzgebirge verbindet Deutschland und Tschechien. Geologisch gesehen ist die Böhmische Schweiz eindeutig die Fortsetzung der Sächsischen Schweiz. Und wenn man schon einmal in dieser Ecke ist, sollte man die Tour durch die Edmundsklamm und am Prebischtor vorbei unter keinen Umständen auslassen.

Vom Parkhotel fuhren wir mit dem Taxi zum Bahnhof von Bad Schandau. Dort verstauten wir die größeren

Gepäckstücke in einem der acht Schließfächer und nahmen nur einen Wanderrucksack mit. Eine S-Bahn fährt in einer Viertelstunde nach Schöna, der letzten Haltestelle vor der tschechischen Grenze. Schöna besteht aus ungefähr drei bis vier Häusern. Eigentlich ist es nur eine S-Bahn-Endhaltestelle und eine Fährstation. Direkt gegenüber der S-Bahn-Station fängt bereits Tschechien an. Wir mussten nur mit dem »grenzüberschreitenden Fährverkehr Schöna-Hrensko« die Elbe überqueren. Auf dem Boot fiel Victor ein, dass er seinen Pass in seiner Tasche im Schließfach vergessen hatte. Er wurde bleich. Die geplante Tour heute konnten wir vergessen.

Die tschechische Grenze mit ihren durch Stäbe eingefassten Sicherheitsschleusen kam immer näher. Allein: Es war kein Grenzbeamter zu sehen. Unkontrolliert betraten wir tschechischen Boden. Phantastisch. Die Tschechische Republik war zwar seit fünf Tagen EU-Mitglied, aber noch nicht dem Schengener Abkommen des kontrolllosen Grenzverkehrs beigetreten. Wir waren auf jeden Fall drin.

Der erste Ort auf tschechischer Seite heißt Hrensko, früher auch Herrnskretschen. In Hrensko lebt vermutlich kein Tscheche mehr. Auf der Straße waren nur Vietnamesen zu sehen, die entlang der einzigen nennenswerten Straße Trikots von Beckham, Zidane, Ronaldo und Konsorten, T-Shirts von S.Oliver und ähnlichen, Getränke, Schuhe, Deutsche-Volksmusik-CDs, Körbe, Jeans und so weiter zum Kauf anboten. An allen Ständen lag das gleiche Zeug. Im Internet fand ich die Bezeichnung »Ho-Chi-Minh-Pfad«.

Nach dem »Ho-Chi-Minh-Pfad« begann rechts die

legendäre Edmundsklamm, ein ausschließlicher Wanderweg. Zwei nervende Radfahrer, ein mittelaltes deutsches Paar, überholten uns dreimal. Nach jedem Überholvorgang schauten sie fünf Minuten auf die Karte, obwohl es hier nirgendwo eine Wege-Alternative gab. Während jedes Kartenstudiums überholten wiederum wir die beiden.

Victor muss mal wieder dehnen!

Das einzige Geheimnis, welches die Karte den beiden Radlern hätte verraten können, war, dass hier Radfahren verboten war. Und wäre es nicht verboten, so wäre Fahrradfahren hier vollkommen unsinnig. Der Wanderweg endete nämlich nach zwei Kilometern. Die Schlucht wurde so eng und felsig, dass schlicht und einfach kein Platz für einen Fußweg mehr vorhanden war, sondern sie mit einem Boot durchquert werden musste. Ich fand das großartig: eine kombinierte Fuß- und Bootstour. Übersetzt für die Walker heißt das: trail and shipping.

Den Namen hat der Weg und die Klamm von Edmund Clary-Aldringen. Er muss ein verrückter Kauz gewesen sein. Der alte Edmund lebte von 1813 bis 1894. Wahrscheinlich entdeckte er im Alter seine romantische Ader und hatte die Idee, das Gebiet um die Klamm touristisch zu erschließen. Er baute mit Hilfe von 200 italienischen Bergweg-Spezialisten den Wanderweg und staute an zwei besonders engen Talpassagen den reißenden Gebirgsfluss Kamenice. An diesen Stellen wäre eine Fortführung des Wegs zu riskant gewesen, sodass Fährboote eingesetzt wurden. Am 4. Mai des Jahres 1890 war es so weit: Der Kahnverkehr in der Edmundsklamm nahm seinen Betrieb auf.

Und genau 114 Jahre und einen Tag später setzten sich auch Victor und ich in den schaukelnden, grün gestrichenen Kahn. Der Fährmann hatte uns schon von weitem kommen sehen. Mit Winkzeichen hatte er uns zu verstehen gegeben, dass er bald abzulegen gedachte und wir uns etwas sputen sollten, um noch mitzukommen. Wir bezahlten an einem kleinen Kassenhäuschen unseren Fährzoll in Euro, wie man es im grenznahen Tschechien überall tun kann. Hoffentlich gilt das bald auch für ganz Tschechien. Wenn schon Europa, dann auch richtig.

Das Boot hatte Platz für ungefähr 18 Personen. Außer uns war noch eine achtköpfige sächsische Wandergruppe mit rüstigen Senioren an Bord. Der Fährmann ließ uns Platz nehmen und schob das Boot vom Steg aus an. Er winkte uns zum Abschied und rief fröhlich: »Selbstbedienung, Außenbordmotor ist von Mercedes.« Im letzten Moment sprang er aber doch noch ins Boot und griff nach einer langen Holzstange, um uns wie ein böhmi-

Unser Fährmann in der Klamm mit rüstigen sächsischen Rentnern

scher Gondoliere mit stakenden Bewegungen flussaufwärts zu bringen.

Unser Fährmann sprach ein wunderbares böhmisches Deutsch und erinnerte in Statur und Gesichtsform an einen listigen tschechischen Schwejk. Der Mann war ein begnadeter Entertainer und Reiseführer. In den nächsten 20 Minuten der Überfahrt bot er uns ein Comedy-Programm mit einer Gag-Dichte, um die ihn die meisten deutschen Fernseh-Comedians beneidet hätten.

Hier einige Auszüge aus seinem Programm, und ich schwöre, er hat so geredet:

Mit den Füßen brachte er das Boot kräftig zum Schaukeln. Die Senioren kreischten. Er sagte: »Machen jetzt Äskimo-Rolle.«

»Klamm ist sich hier vier Mätär tief: Zwei Mätär rechts, zwei Mätär links.«

An bestimmt 20 verschiedenen, skurrilen Felsformationen schulte er unser Vorstellungsvermögen: »Mit bisschen Phantasie Sie sehen oben rechts Teufelskopf mit streckt die Zunge raus. Daneben ist sich Affenkopf und gleich daneben Kopf von Breschnew.« Manche Gags waren vor 20 Jahren im sozialistischen Alltag wahrscheinlich noch explosiver gewesen.

»Müssen sich alles vorstellen mit viel Phantasie. Wenn keine Phantasie: An Endhaltestelle ist sich Restaurant. Dort trinken zwei Bier und zwei Becherovka (tschechischer hochprozentiger Kräuterlikör, der Jägermeister aus Karlsbad). Bei Rückfahrt dann viel Phantasie.«

»In Edmundklamm fahren sich 20% Tschechen, 20% Russen und 60% Deutsche, an Pfingsten 100% Deutsche und an Vatertag 120% Deutsche und 100% Alkohol.«

»In Edmundsklamm viele Fische: Lachse, Forellen, Piranhas, ein Alligator.«

Auf der linken Seite erschien ein Felsen. Aus fünf Meter Höhe ergoss sich in einem dünnen Rinnsal ein Wasserfall in den Fluss. Der Fährmann zog an einem Seil, und eine aufgestaute wilde Wasserfontäne schoss nun auf das Boot zu, verfehlte es aber knapp. Die Seniorentruppe kreischte wieder, und der Fährmann murmelte etwas von Männertoilette.

An einer anderen Stelle fuhren wir ganz nahe an eine feuchte Felswand heran, an der Wasser herabperlte. »Ist sich Lebenswasser.« Die sächsischen Rentner fingen das Wasser mit ihren Händen auf und schlürften. Unser Fährmann ergänzte: »Unten ist Lebenswasser, oben LPG-Kuhstall.« Die Senioren schrien vor Vergnügen.

Czeschski Wander-Eisenplatte – pfuschski!

Aber nicht nur unser Fährmann war eine Sensation, sondern auch die Natur. Der Fluss schlängelte sich durch eine grüne, felsige Märchenlandschaft. Immer wieder sahen wir neue und überraschende Felsformationen: Das war er also, der böhmische Amazonas. Großartig. Als wir am Ende der Bootsstrecke anlegten, half uns der schwejkische Fährmann galant aus dem Boot und wünschte allen eine schöne Wanderung. Die sächsische Wandergruppe ließ sich schon nach wenigen Metern zur Vesper im Restaurant der Edmundsklamm nieder, wir aber gingen weiter.

Der Weg führte nun zwei Meter über dem Fluss an den Felsen entlang. Unter unseren Füßen lagen Metallplatten, die den Sicherheitsstandards des real existierenden Sozialismus entsprachen. Sie waren schlecht verschraubt und wackelten bei jedem Schritt, in manchen gähnten medizinballgroße Löcher. Ständig hatte ich Angst, an irgendeiner Stelle durchzubrechen. Mit EU-Tourismus-Fördergeldern wäre hier einiges zu machen.

Abwechselnd balancierten wir über die rostigen Metallplatten oder tasteten uns vorsichtig durch unbeleuchtete Felsentunnel.

Einen Kilometer später erreichten wir den Abschnitt der Wilden Klamm. Der Wanderweg endete abrupt, und ein Schild verkündete: »Bitte den Fährmann anrufen!« – Bitte den Fährmann anrufen? Das dazugehörige Telefon war sichtlich seit langer Zeit nicht mehr in Betrieb.

So warteten wir eine Viertelstunde, bis der Wilde-Klamm-Fährmann mit dem Boot kam. Der Wilde-Klamm-Fährmann konnte den Edmundsklamm-Fährmann nicht mehr toppen. Lahm erzählte er über Flora und Fauna und die Geschichte der Wilden Klamm. Wenn der andere ein Fähr-Komiker gewesen war, so war dieser hier eher ein Fähr-Beamter. Die Wilde Klamm war 490 Meter lang, und schon bald erreichten wir die Fortsetzung des Wanderwegs.

Für einen Wochentag war ganz schön was los, immer wieder kamen uns kleinere und größere Wandergruppen entgegen. Das zahlenmäßige Verhältnis zwischen deutschen und tschechischen Wanderern war ungefähr 70 zu 30. Wir gaben uns als Tschechen aus, in dem wir alle Entgegenkommenden mit »Dobrý Den«, dem tschechischen »Guten Tag«, begrüßten.

Die deutschen Wanderer mussten irgendetwas zum Gruß zurückmurmeln, beschämt, der Landessprache nicht wirklich mächtig zu sein.

Wir waren bisher der Kamenice gefolgt. Um nach Mezni Louka, zu Deutsch Rainwiese, zu gelangen, ging es an

Enge Klamm und dunkler Tunnel

einem kleinen Bach bergan. Schon nach 40 Minuten erreichten wir das Bergplateau, auf dem der Ort liegt. Im Hotel »Mezni Louka« machten wir auf der riesigen Terrasse Mittagspause.

Es war kaum etwas los, aber aus einem mir unerfindlichen Grund ignorierten uns die beiden Kellner. Waren wir zu spät gekommen? Hatten wir uns an einen falschen Tisch gesetzt, oder war an unserem Outfit etwas nicht in Ordnung?

Wie durch ein Wunder konnten wir dann doch noch unsere Bestellung loswerden: zwei Bier, ein »Konrad« für Victor und ein »Budweiser« für mich, dazu Schweinebraten mit Sauerkraut und Knedelen sowie Rindergulasch mit Knedelen. Tschechische Knedelen sind einfach wunderbar. Nicht zu vergleichen mit unseren Kartoffelklößen. Sie erinnern eher an Brotscheiben und werden mit sehr viel Soße serviert.

Nach der fast einstündigen Pause und nachdem wir insgesamt gerade einmal 11 Euro gezahlt hatten, verließen wir die Terrasse und machten uns auf Richtung Prebischtor. Der Weg führte durch einen Hohlweg, den Schiller (»Durch diese hohle Gasse muss er kommen«) nicht schöner hätte vorfinden können. Wir fragten uns, ob ein Hohlweg durch Naturkräfte, durch Menschenhand oder langjährige Abnutzung entsteht. Aber man kann nicht alles wissen.

Wir hatten uns mittlerweile auf einen Höhenweg vorgearbeitet. Während sich linker Hand der Böhmerwald erstreckte, türmten sich rechter Hand mächtige Felsen. In gelöster, post-verdaulicher Stimmung schritten wir den Weg entlang und sangen die Hippie-Hits und Sakro-Popsongs unserer Jugendzeit: »If I had a hammer«, »Laudato si, o mi signore«, »Let it be«, »Puff the magic dragon« und als Zugabe »Angie«.

Nach sechs Kilometern kamen wir am Prebischtor an. Das Prebischtor ist das größte natürliche Felsentor Europas. 26 Meter breit und 16 Meter hoch, ist es seit den Zeiten des alten Edmund eine Ia-Natur-Sehenswürdigkeit. Edmund hatte es sich auch nicht nehmen lassen, ein Restaurant direkt neben das Prebischtor zu bauen, wieder im gewohnten böhmischen Westernstil.

Um auf das Areal zu gelangen, mussten wir 1,50 Euro Eintritt pro Person bezahlen und hatten dafür drei Aussichtspunkte zur Auswahl. Um es kurz zu machen: Man kann es sich eigentlich ganz sparen, da man auch nicht viel mehr als in den Stunden zuvor zu sehen bekommt. Aber wenn, sollte man Aussichtspunkt Nummer zwei ansteuern. Nummer eins ist enttäuschend und Nummer drei schlichtweg überflüssig.

Prebischtor – das größte Felsentor Europas

Der Rest der Wanderung war ein Kinderspiel. Ein sanfter Abstieg ins Tal, und dann noch drei Kilometer auf der Straße nach Hrensko. Kurz vor Hrensko kamen wir an einem bewachten Wanderparkplatz vorbei. Der Parkplatzwächter machte gerade Feierabend und grüßte uns nett: »Gut Wanderung gewesen? Keine Micken, keine Fliegen? Schön Wetter?« – Ach Tschechien, du hast es besser!

In Bad Schandau holten wir unser Gepäck aus den Schließfächern und warteten auf unseren Eurocity nach Berlin. Ich wollte bei Victor und seiner Verlobten in Berlin übernachten. Mit dem Nachtzug über Dresden nach Köln wäre ich über 11 Stunden unterwegs gewesen. Und das wollte ich mir nicht antun. Wir kamen um kurz nach 22.00 Uhr am Berliner Ostbahnhof an. Eigentlich waren wir noch in einem berlintypisch szenigen und gerade im Moment irre angesagten Club mit einem Basler Regisseur verabredet. Doch nach ein paar Broten an Victors Küchentisch sanken wir in die Betten. Die Drei-Tage-Tour hatte physische Spuren hinterlassen.

Wegstrecke:	14 Kilometer

(Okay, ich gebe zu, das war heute ein Rundwanderweg. Aber obwohl Rundwanderwege eigentlich pfui sind: Dieser ist schwer in Ordnung. Man könnte sich höchstens überlegen, den ganzen Weg andersherum zu gehen. Mit meinen Kindern würde ich zum Beispiel mit dem Taxi bis zur Wegabzweigung Prebischtor fahren. Dann steil hoch zum Tor laufen und dann nur noch bergab über die Edmundsklamm nach Hrensko gehen. Und schon wäre es kein Rundwanderweg mehr.)

Wanderzeit brutto:	6 Stunden, 55 Minuten
Wanderzeit netto:	3 Stunden, 54 Minuten

(Das Bootfahren kann man nicht zur Wanderzeit dazurechnen.)

WDG:	4,10 km/h
Wanderkarte:	GeoMap, Nationalpark Sächsische Schweiz/ Böhmische Schweiz – Elbsandsteingebirge, 1:30.000
Das Bier der Region:	Original Budweiser Bubvar
Höchster Punkt der Wanderung:	451 m (Prebischtor)
Niedrigster Punkt der Wanderung:	132 m (Fährstation Hrensko)

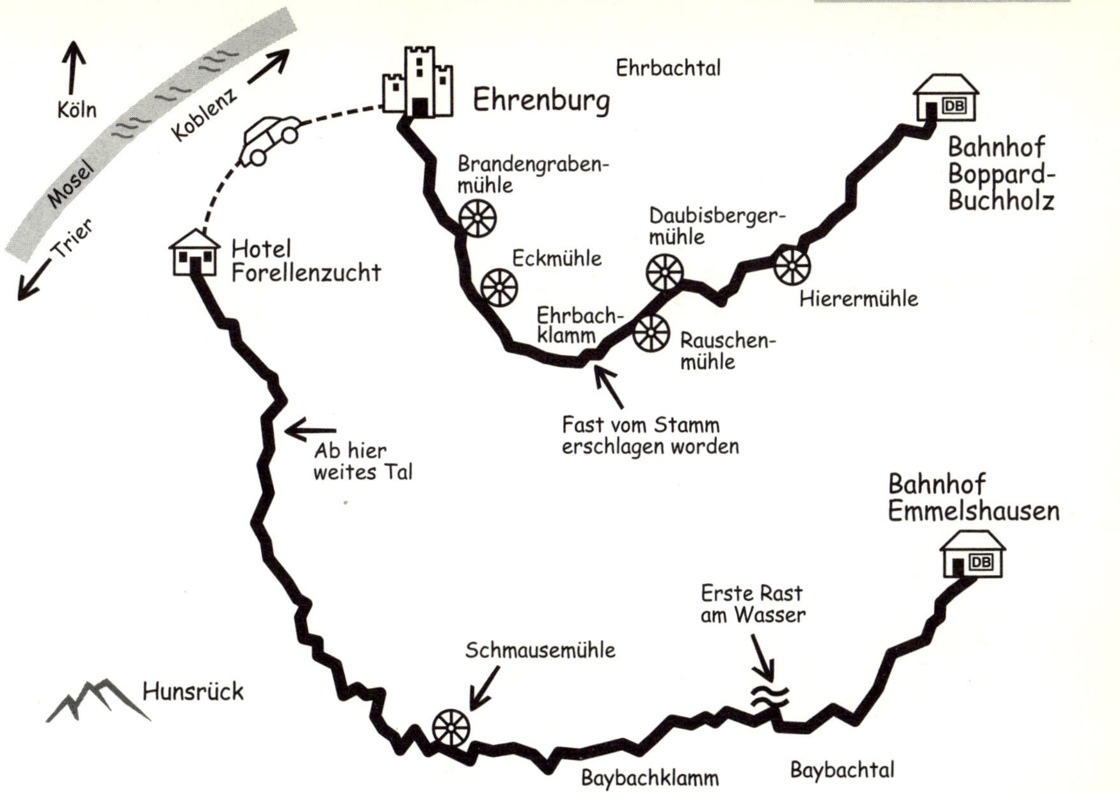
Köln
Koblenz
Mosel
Trier
Ehrenburg
Ehrbachtal
Bahnhof
Boppard-
Buchholz
Brandengraben-
mühle
Eckmühle
Daubisberger-
mühle
Hierermühle
Ehrbach-
klamm
Rauschen-
mühle
Fast vom Stamm
erschlagen worden
Hotel
Forellenzucht
Ab hier
weites Tal
Bahnhof
Emmelshausen
Erste Rast
am Wasser
Schmausemühle
Hunsrück
Baybachklamm
Baybachtal

Gejammert wird nicht

Mit den Kindern im Hunsrück

April 2004

Die ABC-Schützen im Hunsrück lernen seit Generationen folgenden Reim: »Mosel, Saar, Nahe und Rhein – schließen den ganzen Hunsrück ein.« Und im Band 8 des dtv-Lexikons ist unter dem Stichwort »Hunsrück« vermerkt: »Südwestflügel des Rheinischen Schiefergebirges zwischen Mosel und Nahe, die linksrheinische Fortsetzung des Taunus bis zur Saar«.

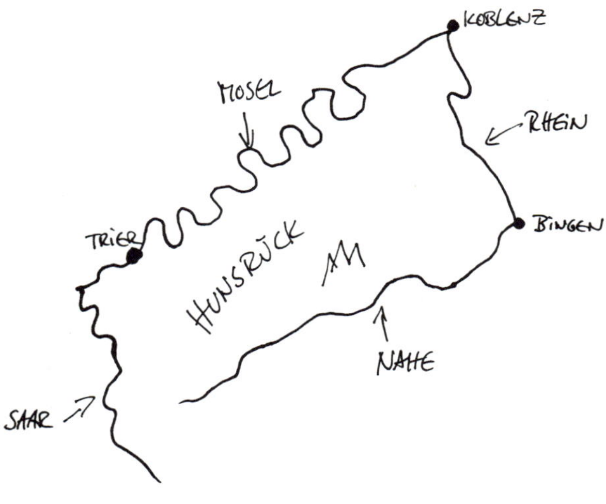

So kann man es sehen. Man könnte auch sagen, dass der Hunsrück jenseits der Mosel die südliche Fortsetzung der Eifel ist. Oder dass der Hunsrück nördlich der Nahe die Fortsetzung des Pfälzer Waldes ist.

Alle deutschen Mittelgebirge haben einen etwas rückständigen Ruf, doch der Hunsrück ist immer noch etwas zurückgebliebener. Der Hunsrück ist immer die Fortsetzung von irgendetwas anderem, er hat nichts Eigenes. Der Hunsrück darf nicht er selbst sein, er ist ein Anhängsel, irgendwie das schwarze Schaf unter den deutschen Landschaften.

So richtig schön ist es auch nicht im Hunsrück. Und doch möchte ich aus vollem Herzen sagen: Auch ich bin ein Hunsrücker! Der Hunsrück ist meine Heimat.

Auch wenn ich in Köln geboren und aufgewachsen bin, meine Vorfahren aus der Eifel stammen, ist seit den frühen 80er Jahren auch der Hunsrück meine Heimat. 1984 und 1985 zeigte die ARD die Serie »Heimat« von Edgar Reitz, die epische Geschichte einer Hunsrücker Familie im 20. Jahrhundert. Ich habe diese Serie gleich mehrmals gesehen, und so wurde der Hunsrück auch zu meiner Heimat. »Heimat« erzählt von den Landschaften und den Menschen des Hunsrücks, es geht um Flucht und die Rückkehr in die Heimat. Und die Hunsrücker »Heimat« ist immer auch deutsche Heimat. Der Hunsrück wird zur Folie für alle anderen deutschen Landschaften und steht für das Gefühl, welches Natur in einem Menschen auslösen kann. Vielleicht ist es einer der Gründe, warum ich so gerne in deutschen Mittelgebirgen wandere, dass es sie nur in Deutschland gibt. Die Alpen –

da geht es mir zu hoch hinaus, das ist eher die Sache der Österreicher und vor allem der Schweizer. An der Nord- und Ostsee ist es auch wunderbar, aber im Wettbewerb um die landschaftliche Schönheit ist die Konkurrenz in Europa, vor allem am Mittelmeer, sehr groß.

Aber der Harz, die Eifel, der Spessart und der Hunsrück, diese Landschaften sind in der internationalen Mittelgebirgskonkurrenz ganz ganz weit vorne.

Was ist Heimat, wo ist Heimat, oder was löst Heimatgefühle aus? Kurt Tucholsky, jeder Deutschtümelei unverdächtig, hat Heimat einmal so definiert:

> »Es besteht kein Grund, vor jedem Fleck Deutschlands in die Knie zu sinken und zu lügen: wie schön! Aber es ist da etwas allen Gegenden Gemeinsames – und für jeden von uns ist es anders. Dem einen geht das Herz auf in den Bergen, am Rand der Gebirgsseen, wo es nach Wasser und Holz und Felsen riecht und wo man einsam sein kann; wenn da einer seine Heimat hat, dann hört er dort ihr Herz klopfen. Das ist in schlechten Büchern, in noch dümmeren Versen und in Filmen schon so oft verfälscht, daß man sich beinah schämt zu sagen: man liebe seine Heimat.
>
> Wer aber weiß, was die Musik der Berge ist, wer den Rhythmus einer Landschaft spürt, wer gar nicht andres spürt, als daß er zu Hause ist; daß das da sein Land ist, sein Berg, sein See, auch wenn er nicht einen Fuß des Bodens besitzt. Und so widerwärtig mir jene sind, die – umgekehrte Nationalisten – nun überhaupt nichts mehr Gutes an diesem Lande lassen, kein gutes Haar, keinen Wald, keinen Himmel, keine Welle – so scharf verwahren wir uns dagegen, nun etwa ins Vaterländische umzufallen.«

Am schönsten ist meine Heimat, der Hunsrück, im nördlichen Teil. In den Tälern des Baybachs und des Ehrbachs, die zur Mosel fließen, kann man wunderbar wandern.

Da gerade Osterferien waren, plante ich mit meinen Kindern, Lena (12) und Myriam (10), eine zweitägige Wanderung in diesen zwei Hunsrücktälern. Am ersten Tag wollten wir von Emmelshausen zu einem Hotel im Baybachtal 20 Kilometer gehen.

Bekannte mit Kindern können häufig nicht verstehen, wie ich meine Kinder dazu bringe, freiwillig mit mir wandern zu gehen. Am Anfang – wie meistens in der Erziehung – war der Zwang, jetzt gehen sie gerne mit, zumindest bilde ich mir das ein.

Als Myriam und Lena fünf und sieben Jahre alt waren, habe ich mit ihnen die erste größere Wanderung über 12 Kilometer unternommen. Um den Jammer- und Quengelfaktor unterwegs niedrig zu halten, gab ich meinen Kindern einige Verhaltensregeln an die Hand. Verboten war es, folgende Dinge zu sagen:

1. Ich kann nicht mehr. (Das bildest du dir nur ein.)
2. Ich habe Durst. (Wir machen genügend Pausen, wo es was zu trinken gibt, für Notfälle habe ich auch was im Rucksack.)
3. Ich habe Hunger. (Siehe unter 2.)
4. Wann sind wir da? (Wenn ihr die Mühle rauschen hört.)
5. Ist nach der nächsten Wegbiegung die Mühle? (Nein.)

6. Meine Beine tun weh. (Meine auch. Das gehört zum Wandern dazu. Ihr seid kräftige Kinder. Also ertragt es einfach, ohne zu maulen.)

Nachdem wir dieses Verhaltensprogramm Tage vor der Wanderung eingepaukt hatten, war alles bis auf einen kleinen Heul-Erschöpfungsanfall prima. Beim Abendbrot in der Mühle waren die Kinder zu Recht stolz wie Bolle auf ihre 12-Kilometer-Tagesleistung. Trotzdem wurden sie nicht wie im Hochgebirge überfordert.

Für ganz kleine Kinder, also solche, die noch geschoben werden müssen (Buggy, Babyjogger, Kinderwagen), ist keine Strecke in diesem Buch geeignet, da praktisch jeder Weg längere felsige und schmale Passagen hat.

Wir starteten vom Bahnhof Emmelshausen unseren Weg ins Baybachtal.

Nach fünf Minuten erreichten wir im Stadtpark Emmelshausen den ersten Kinderspielplatz. Myriam und Lena forderten gemeinsam die erste Pause. Da die beiden Mädchen nur anderthalb Jahre auseinander sind, bilden sie meistens eine geschlossene Geschwisterfront, gegen die ich oft nichts ausrichten kann oder möchte. Es ist viel zu anstrengend zu versuchen, sich gegen beide durchzusetzen. Myriam und Lena verloren sehr schnell die Lust an dem Spielplatz, da es dort nur Spielgeräte für Kleinkinder gab.

Trotzdem war der Spielplatz psychologisch wichtig, er hob gleich zu Beginn die Stimmung für die kommende Wanderung. Wanderspielplätze sind jedoch dünn gesät. Auf dem Rothaarsteig bin ich auf knapp 40 Kilometern nur an einem Spielplatz vorbeigekommen. Dabei ist es häufig für die Motivation gut, den einen oder anderen Waldspielplatz ankündigen zu können (»Die halbe Stunde bis zum nächsten Spielplatz schaffst du noch!«).

Fünf Minuten nach dem Emmelshausener Spielplatz hatte ich die Orientierung verloren. »Papa weiß nicht, wo's langgeht!«, höhnten die Kinder. Die Unfehlbarkeit des eigenen Vaters in Frage zu stellen ist anscheinend noch schöner, als die des Papstes anzuzweifeln.

Der Weg vom Emmelshausener Bahnhof zum Baybachtal ist nicht ausgeschildert, wenn man sich aber zum Fußballplatz durchfragt und dann zwischen Sportplatz und Kindergarten in den Wald talwärts geht, führt ein kleiner Bach (auf der Karte hat er keinen Namen) direkt zum Baybach.

An diesem Tag schien die Sonne von einem wolkenlosen Himmel, aber es war noch kein richtiges Sandalenwetter. Ich hatte vor der Wanderung überlegt, Sandalen für die Kinder einzupacken, falls es wärmer würde. Aber ihre Sandalen waren noch nicht eingelaufen, und mit neuen Schuhen sollte niemand eine längere Wanderung unternehmen. Meine Kinder besitzen keine Wanderschuhe, da es in Kindergrößen keine Wanderschuhe gibt. Da wir aber so oft auch wieder nicht wandern, tun es auch ihre normalen Schuhe. Ich empfehle, bei Wanderungen den Kindern die Schuhe anzuziehen, die am besten eingelaufen sind, egal ob Turn- oder Straßenschuhe.

»Der Weg ist hier aber wanderig!«, sagte Myriam plötzlich. Direkt hinter Emmelshausen war der Weg noch

Meine Tochter mit meinem Rucksack

sehr »spaziergängig« gewesen, und das war natürlich langweilig. Uns umschwirrte ein gelber Schmetterling, und wir nannten ihn Bruno. Obwohl ich mir nicht sicher war, dass es wirklich immer der gleiche war. Bruno führte uns zu unserem Rastplatz. An einer Bachbiegung gab es wunderbare Sitzfelsen für gutes Wetter und eine Hütte für schlechtes Wetter. Hier ließen wir uns nieder und aßen ein Brötchen.

Und weil die Außentemperaturen auf über 15 Grad gestiegen waren, hatten Lena und Myriam blitzschnell ihre Strümpfe ausgezogen, um die Füße im Bach zu kühlen. Die Wassertemperatur betrug aber höchstens sechs Grad. Und so hallte hohes Kinderkreischen durch den Wald. Beide wollten sofort von mir aus dem Wasser gezogen werden. Das ging ihnen aber nicht schnell genug. Wieder Kreischen. Nun gut. Dann wollten sie wieder ins Wasser. »Man gewöhnt sich an die Kälte«, sagte Lena. Im nächsten Moment schrie Myriam auf, da ihre Sonnenbrille ins Wasser gefallen war. Lena wollte die davonschwimmende Brille retten und trat auf einen spitzen Stein. Kreisch. Egal, Hauptsache, die Brille war gerettet. Kaum hatte sich Lena beruhigt, begann Myriam zu fluchen. Sie hatte immer schon einen Hang zum Theatralischen. Hektisch schlug sie mit beiden Armen um sich. Die erste Frühlingswespe war ihr zu nah gekommen. Und durch das kalte Wasser musste sie auch noch dringend pinkeln.

Ich versuchte, derweil möglichst konzentriert ein Buch über Evolution zu lesen. Dieses Buch mitgenommen zu haben war ein Fehler gewesen. Nicht weil es inhaltlich, sondern weil es gewichtsmäßig zu schwer war. Lena hatte ein Drei-???-Buch dabei und Myriam den 1000-seitigen fünften Harry-Potter-Band. Drei schwere Hardcover-Bücher bei einer Rucksackwanderung waren mörderisch, und ich spürte jetzt schon jedes Gramm. Taschenbücher sind gut zum Mitnehmen, Reclamheftchen noch besser, aber bitte nicht solche Buchstabenbriketts.

Wir hatten zwei Rucksäcke dabei. In meinem Rucksack steckten meine Klamotten, alle Bücher, der Proviant und eine Wasserflasche. Die Kinder trugen in einem gemeinsamen Rucksack ihre Kleider und wechselten sich beim Tragen ab. Nach unserer Pause waren noch je eine Jacke und ein Pullover dazugekommen. Morgens, als wir in Köln losfuhren, war es bitterkalt gewesen.

Das hinderte die Kinder aber nicht daran, sich mit Rucksack und Gebrüll kurze Hänge hinabzustürzen, um auszuprobieren, ob sie rechtzeitig bremsen könnten. Manchmal endeten diese Selbstversuche auf dem Hintern. Immer wenn einer von den beiden auf dem Hintern gelandet war, sangen wir zur Melodie von Loonas

»Bailando«: »Poooolandung, Polandung, amigos adios, adios ...«.

Wenn es dagegen bergauf ging, fingen die Kinder an zu jodeln und sangen das Heidi-Lied. Die beiden waren noch frisch und tatendurstig, und Lena protzte: »Das ist voll der geile Weg, aber nichts für dicke Kinder.«

Nun begann der Teil des Tals, wo sich hinter jeder Wegbiegung eine Mühle befindet. Lena und Myriam warteten auf eine ganz bestimmte, die Schmausemühle. Diese Mühle war die einzige Möglichkeit, während der Wanderung im Baybachtal einzukehren. Ein Schild am Wegesrand wies zwei Kilometer vorher auf die Mühle hin. Außerdem war auf diesem Schild notiert, dass dienstags Ruhetag sei. Wir hatten Mittwoch. Unnötig zu erwähnen, dass ich auf meiner ersten Hunsrück-Wanderung an einem Dienstag hier vorbeigekommen war.

Insgesamt gibt es im Baybachtal 12 Mühlen. Wir kamen an der Strieder-Mühle vorbei und lasen folgende Gedenktafel:

»Dies ist das Stammhaus des Johannes Strieder,
der 1858 nach Amerika auswanderte.
Seine Nachkommen kolonisierten
Südbrasilien und Nordargentinien.«

Ohne den Hunsrückmüller Johannes Strieder wäre die Zivilisation von Südamerika um vieles ärmer gewesen.

Mühlen gehören nun mal zum romantischen Repertoire des Wanderns, wie auch die großen Mühlen-Hits »Es klappert die Mühle am rauschenden Bach, klipp klapp, klipp klapp, klipp klapp« und natürlich der Megahit »Das Wandern ist des Müllers Lust, das Wahandern!«. Im letztgenannten Song empfiehlt sich das Wandern als einfache Fortbewegungsmöglichkeit. Im Unterschied zu Goethe und nachfolgenden Romantikern, die wandern *wollten*, *mussten* die Lehrlinge vergangener Tage sich per pedes und auf Schusters Rappen fortbewegen. An Bahnhöfen sieht man heute noch vereinzelt Zimmerleute mit coolen Schlaghosen und riesigen Hüten, was darauf hindeutet, dass »Auf-Wanderschaft-Sein« nicht mehr wörtlich genommen wird, sondern zu einer folkloristischen Tätigkeit »verkommen« ist.

Der Müllergeselle aus der weniger bekannten zweiten Strophe des Volksliedes flehte noch seine Vorgesetzten an: »Herr Meister und Frau Meisterin, lasst mich in Frieden weiter ziehen, und wandern.« Und so war es auch: Für Kost und Logis arbeitete der Geselle ein paar Tage beim Müllermeister und zog dann zur nächsten Mühle. Was nichts weiter hieß, als eine Viertelstunde zur nächsten Wegbiegung zu spazieren, wo bereits eine weitere Mühle stand. Von Wandern kann man da eigentlich nicht sprechen.

In der entfernteren Verwandtschaft meiner Frau gibt es noch einen aktiven Müller. Durch ihn habe ich einiges über die Geschichte des Müller-Berufs erfahren. Die Bauern brachten früher ihre Ernte zur nächstgelegenen Mühle ins Tal – das auch erklärt, warum es wahnsinnig viele Mühlen in jedem Tal gab, schließlich sollte es kein Bauer weit haben, war der Weg ins Tal doch schon beschwerlich genug. Als Lohn erhielt der Müller Naturalien oder ein Zehntel des Mehls, das den Müller in die Lage versetzte, genauso wie der Bauer sein eigenes Brot zu backen.

Ab den 20er Jahren ging es mit den Mühlen bergab. Der Job- und Existenzkiller wurden die aufkommenden Bäckereien in den Dörfern. Statt der Zur-Mühle-Fahrerei und Selbstbackerei war es natürlich viel praktischer, sein Brot beim Bäcker zu kaufen. Das Korn wurde zu den nicht mehr wasserbetriebenen Großmühlen gefahren oder erst gar nicht mehr angebaut. Bäckereien killed the Mühlen.

Zwischen der Weinsmühle und der Schmausemühle wird das Tal des Baybachs sehr eng, es wird zu einer Klamm. Eine Klamm ist laut Definition eine schmale, tief eingeschnittene Schlucht mit fast senkrechten Felswänden. Die Wanderung wurde damit zu einem Achterbahnmarsch. Mal ging es unten am Bach entlang, dann musste man über Felsen klettern. Zur Absicherung gab es kein Geländer, aber stellenweise ein Stahlseil, das in Ösen am Felsen befestigt war. Die Kinder hatten jetzt das Kommando übernommen.

Vorneweg schritt, kletterte und sprang Lena, die am liebsten die Wander-Pole-Position innehat, um niemanden vor der Nase zu haben. Dicht dahinter ging Myriam, und in ungefähr 20 Meter Abstand folgte ich. Ich kam nicht so schnell mit, da mein Rucksack so schwer war. Okay, die Kinder waren auf diesem Abschnitt viel schneller unterwegs und unternahmen sogar kleine Extra-Kletterpartien. Ich nahm meinem Alter entsprechend den vorgeschriebenen Weg und wurde als »langweiliger Papa« verhöhnt.

Die Kinder stießen, wenn sie von kleineren Felsen sprangen, immer einen dumpfen Laut aus. Was sollte das? So macht das Lara Croft auch, war die Antwort. Ab jetzt hießen die besten, weil felsigsten Wegpassagen »laracroftig«.

Eine Kinderregel für diese nicht ungefährlichen Passagen ist: Nicht während des Wanderns umherschauen. Es geht auf schmalsten Felsenpfaden oft 20 Meter steil bergab. Ein falscher Tritt, und man liegt unten. Deswegen: Wenn ein Kind sich umdrehen will, ins Tal schauen möchte oder sich mit jemandem unterhält, immer erst stehen bleiben.

Um kurz nach halb drei Uhr erreichten wir die Schmausemühle. Da es zu spät für die Mittagskarte war, bekamen wir die Vesperkarte. Für meine vegetarisch ausgerichtete Tochter Myriam gab es zwei vegetarische Gerichte zur Auswahl. Sie entschied sich für den Salatteller. Als der Teller kam, waren kunst- und liebevoll drapierte Schinkenscheiben das Zentrum der vegetarischen Speise. Aber die konnte man ja beiseite legen.

Im Sommer bin ich eher ein Schattensitzer. Aber im April setzten wir uns mitten in die Sonne, und der Geruch von Sonnenmilch holte den Duft des Sommers ins Baybachtal. In unseren Breiten, in den deutschen, schattigen Mittelgebirgen, wird bei fortschreitendem Klimawandel wohl die Zukunft des Sonnentourismus liegen. Während mediterrane Gebiete zur Sahel-Zone werden, wird der Hunsrück die Sonnenanbeter Europas mit moderaten Temperaturen locken.

Schon nach 15 Minuten war mir so heiß, dass ich das erste Mal in diesem Jahr meine Hosenbeine abnahm. Im

Mittelalter war das noch gang und gäbe, dass die Hosenbeine und vor allem die Ärmel abnehmbar waren. Man musste dann nur die Ärmel waschen, das Wams blieb so wie es war.

Meine Standardwanderhose ist eine Reißverschluss-Baumwollhose, die mir auch schon im Italienurlaub gute Dienste erwiesen hat. Mit kurzer Hose im Eiscafé sitzen, dann schnell die Hosenbeine wieder ran, und schon ist man korrekt gekleidet für die Kathedrale.

Von der Terrasse aus beobachteten wir, wie ein Wanderreiter versuchte, sein Pferd über eine Brücke zu ziehen. Gewalt und leichte Schläge mit dem Zügel halfen nichts, das junge Tier wollte nicht über die Holzbrücke.

Wir sahen uns das bestimmt eine halbe Stunde an. Es war ein scheußliches Gezerre und für uns als Reiter eine Qual. Irgendwann flehte Myriam mich an: »Papa, und wenn es das Letzte ist, was du für mich tust: Geh hin und biete deine Hilfe an.«

Da mein zweiter Vorname Pferdeflüsterer ist, ging das Pferd problemlos mit mir über die Brücke – okay: Wir mühten uns zu zweit mit dem widerspenstigen Klepper ab, schoben, zogen und fluchten. Irgendwann nahm der Reiter entnervt einen anderen Weg. Ich hatte es zumindest versucht.

Nach einer ungefähr anderthalbstündigen Pause in der Schmausenmühle setzten wir unsere Wanderung fort: Wir folgten dem B. Das B ist die Wandermarkierung des Baybachtals. Und acht Kilometer lang begleitete uns auch noch ein H für Hunsrückhöhenweg. Von Boppard am Rhein aus kann man bis zur Nahe auf dem

Hunsrückhöhenweg den gesamten Hunsrück durchqueren.

Ich war vor zwei Jahre einmal drei Tage auf dem Hunsrückhöhenweg gewandert. Um es kurz zu machen: Es war grauenhaft öde. Der Weg zieht sich, nachdem er das Baybachtal verlässt, über Dörfer und Felder und wieder Dörfer und Wälder und an Wiesen und Waldrändern Kilometer um Kilometer entlang. Es nimmt kein Ende. Und während es in jedem kleinsten Eifel-Dorf ein Gasthaus mit Fremdenzimmern gibt, ist der Hunsrück eine wandertouristische Einöde. Kaum eine größere Ortschaft hat eine Übernachtungsmöglichkeit.

Ich wäre vermutlich damals entkräftet im Hunsrück-Dorf Reifferscheidt verendet, hätte mich nicht der nette Koch des örtlichen Gasthauses gerettet. Eigentlich hatte ich in Kappeln übernachten wollen, aber dort gab es noch nicht einmal eine Kneipe. Ureinwohner von Kappeln schickten mich über den Berg nach Reifferscheidt: »Da sind Sie in zehn Minuten.«

Ich war aber nicht mit dem Auto unterwegs, sondern auf Schusters Rappen, und so dauerte die Strecke Kappeln-Reifferscheidt eine runde Stunde. Im Gasthaus in Reifferscheidt waren alle acht Fremdenzimmer belegt. Ich traute meine Ohren nicht. Wollten die mich verarschen? Ich hatte schon von Pensionen und Hotels gehört, die keine Wanderer aufnehmen, da diese nur eine Nacht bleiben und viel Dreck machen. Als ich insistierte, wurden mir fast lückenlose Biographien der Übernachtenden vorgelegt. Es waren drei spanische Fernfahrer und fünf Bauarbeiter auf Montage. Ich aß erst einmal. Als der

Koch Feierabend hatte, fuhr er mich netterweise ins Nachbardorf Blankenrath, wo es noch eine Übernachtungsmöglichkeit gab.

Für die nächste Tagesetappe war ich da schon bedient, weil durch die zusätzlichen Kilometer meine Blasen auf die Größe von Frühstückseiern angeschwollen waren. Ich schleppte mich durch die sengende Hunsrückhitze von Dorf zu Dorf. Nirgendwo gab es etwas zu essen, nirgendwo etwas zu trinken. Entnervt gab ich auf und fuhr mit dem Bus nach Kirn an der Nahe. In dieser Gegend kann man das Autokennzeichen KH (Bad Kreuznach) bewundern, das von den umliegenden Gemeinden liebevoll mit »Kein Hirn« übersetzt wird.

Genug des Hunsrückhöhenweg-Dissings, auf den paar Kilometern im Baybachtal ist er sehr schön. Wir blieben aber im Tal bei unserem B, während der H-Weg den Berg hinaufführte. Den kommenden Abschnitt kannte ich nicht. Ich war sehr überrascht, dass es über mehrere Kilometer noch einmal so richtig laracroftig und wanderig wurde. Es ging hoch und runter, wir kletterten über Felsen und durch das Geäst von umgestürzten Bäumen. Lena knickte leicht mit dem Fuß um. Der Schmerz war groß, aber Myriam und ich verschränkten unsere Arme und organisierten einen Verletztentransport, indem wir Lena, die bequem auf unseren Armen saß, trugen. Das schafften wir bestimmt 20 Meter. Dann gab es noch Zauberpuste auf den umgeknickten Knöchel, einmal feste auftreten, und weiter ging's. Ich hatte entgegen dem Rat meiner Frau mal wieder kein Handy für Notfälle mitgenommen. Später im Hotel erfuhren wir, dass es im gesamten Baybachtal keinen Mobilnetzempfang gibt. Wanderer hätten sich schon mit gebrochenen Beinen kilometerweit bis zum Hotel geschleppt, um dort einen Krankenwagen zu rufen. So ist das Baybachtal: schön, aufregend, gefährlich!

Langsam wurde es den Kindern zu viel. Die Füße taten weh, der Weg ging an ihre Grenzen. Und mir ging es nicht besser. Ich war zwar heute nicht so gerast wie sonst, aber wir waren heute genauso lange auf den Beinen gewesen wie bei einer schnelleren Tour, und das zählte.

Was also motiviert Kinder, wenn während einer Wanderung die Kräfte nachlassen oder ihnen langweilig wird? (Was man oft nicht auseinander halten kann.)

1. Lieder singen. Ganz weit vorne ist dabei das gegrölte »Das Wandern ist des Müllers Lust« oder auch ein Kanon wie »Bruder Jakob«. Dabei übernimmt jeder eine Stimme, und es endet immer im Chaos.
2. Wanderzeichen suchen. Da es auf den meisten Wegen eine wiederkehrende Markierung (Pfeil, Buchstabe, Zeichen) gibt, ist es für die Kinder spannend, wie bei der Ostereier-Suche diese Markierung als Erste zu entdecken.
3. Das Spiel »Alles raten«, haben wir aus »Tiere raten« entwickelt. Man denkt sich ein Tier, einen Gegenstand, einen Beruf aus, und die anderen müssen mit Ja-Nein-Fragen die Antwort erraten. Wer es errät, ist an der Reihe. Das kann man endlos spielen.
4. Sagen erzählen. Vor ein paar Jahren waren auch noch Märchen möglich, aber das ist mittlerweile vorbei. Sagen erzählen war früher mein Job. Die

Kinder sind jetzt in einem Alter, in dem sie auch selber gerne eine Sage erzählen. Folgende Sagen wurden am Baybach zum Besten gegeben:

- Minotaurus und Theseus im Labyrinth und die Rettung durch den Faden der Ariadne
- Perseus und das Haupt der Medusa
- Ödipus
- Antigone
- Siegfried und das Lindenblatt auf seiner Schulter
- Ikarus und Dädalus flüchten aus Kreta

5. Das Spiel »Ich bin blind«. Dabei schließt das Kind die Augen und nimmt Papas Hand. Mit kurzen und präzisen Kommandos muss das Kind unfallfrei durch die Wildnis geführt werden.
6. Auf einem Weg zehn Meter über dem Bach stehend versuchen, mit Steinchen und Stöckchen genau in die Bachmitte zu treffen.
7. In einem engen Tal bietet sich das Echo-Spiel an. Am beliebtesten ist der Klassiker »Wie heißt der Bürgermeister von Wesel?«. Das wird unermüdlich versucht, obwohl ich wirklich noch nie erlebt habe, dass der Felsen »Esel« zurückruft.

Zwei Kilometer vor unserem Tagesziel weitete sich das Tal, der schmale Pfad wurde zum breiten Wirtschaftsweg. Auf grünen Weidewiesen grasten friedlich Kühe. Die Kinder waren sauer. Sie wollten Pferde sehen und keine blöden Kühe. Sie buhten die Kühe aus, weil sie keine Pferde waren. Gut, meine Kinder waren am Ende. Aber es war auch nicht mehr weit. Die letzten vier Kilometer vor der Mosel verläuft der Baybachtalweg parallel zu einer Landstraße. Also kann man sich den kompletten Weg bis zur Mosel schenken. Wir gingen nur bis zum Hotel „Forellenzucht“. Als wir es endlich erreichten, jubelten die Kinder eher matt. Ich hatte telefonisch vorab zwei Zimmer reserviert, um auf Nummer sicher zu gehen. Bei einer Kinderwanderung möchte ich ein sicheres Dach am Ende des Tages über dem Kopf haben. Vor allem, da ich ja schon meine Hunsrück-Übernachtungs-Erfahrungen gemacht hatte.

Das Hotel »Forellenzucht« ist genau richtig für alle, die gerne frische Forellen essen und denen es nichts ausmacht, dass der Hund des Hauses einem um die Beine streicht. Die Besitzer sind nett und man hat sofort Familienanschluss. Direkt nach dem Abendessen krochen wir mit schmerzenden Beinen ins Bett. Die Kinder hatten vor allem an den hinteren Waden Muskelkater, da es größtenteils bergab gegangen war. Ich tröstete sie, dass morgen andere Muskelpartien beansprucht würden. Es sollte von der Ehrenburg nach Buchholz nur bergauf gehen.

Die wenigen Kilometer zwischen Baybach- und Ehrbachtal wollten wir nach dem Frühstück mit dem Taxi fahren. Ich halte es in solchen Fällen mit den Tour-de-France-Fahrern, die ja auch nicht immer am Zielort der letzten Etappe starten, sondern mit dem Mannschaftsbus zum nächsten Startpunkt gebracht werden.

Der Weg Ehrenburg-Endertklamm-Boppard-Buchholz ist eine kurze 12-Kilometer-Etappe mit Bergankunft. Wobei es sich bei dem Bergankunfts-Berg höchstens, um in der Sprache der Tour de France zu bleiben, um einen Berg der vierten Kategorie handelt.

2. Tag

Ich legte an. Ruhig lag der Pfeil in meiner Hand. Die Sehne des Bogens war bis aufs Äußerste gespannt. Ich musste treffen, das war meine einzige Chance. Ginge der Schuss daneben, wäre ich so gut wie tot – zumindest aber bis auf die Knochen blamiert vor meinen Kindern, mit denen ich gewettet hatte. Der Pfeil sirrte los und traf knapp neben das Schwarze. Na ja, für einen frühen Besuch auf der Ehrenburg ganz gut.

Die Ehrenburg liegt auf einem Bergvorsprung über dem Ehrbachtal. Meine Lieblingsbeschäftigung auf der Ehrenburg ist das Bogenschießen. Nicht dieses Bogenschießen mit Gummipfeilen, sondern richtiges Bogenschießen mit richtigen spitzen Pfeilen und einer richtig weit entfernten Zielscheibe. Beim Bogenschießen entdecke ich immer wieder uralte Jägergene in mir. Ich hätte natürlich als alter Kriegsdienstverweigerer nie Spaß am Schießen mit Gewehr oder Pistole, weil das politisch unkorrekt und militaristischer Unfug ist, aber Bogenschießen hat das gewisse archaische Etwas – diesen Kitzel: er oder ich.

Bogenschießen wird allerdings nur zu bestimmten Uhrzeiten angeboten, und dann ist es immer sehr voll, und alle wollen mal ran. Ich rate dazu, keine falsche Rücksicht auf Kinder und Jugendliche zu nehmen, die für gewöhnlich ewig brauchen, um einen Schuss zu platzieren. Ich drängele mich gnadenlos vor, sonst kommt man gar nicht an die Reihe.

Vor drei Jahren war ich einmal Ehrenburger Tagessieger im Wettbewerb mit Pfeil und Bogen geworden. Heute war ich nicht in Form und hatte so meine Wette mit

Lena und Myriam verloren. Ich hatte »ums Recht« gewettet, dass ich wieder ins Schwarze treffen würde. »Ums Recht«-Wetten ist zwar eigentlich ziemlich öde, aber ich kann meinen eigenen Kindern kein Geld abknöpfen.

Die Ehrenburg hat sich in den letzten Jahren zur Vorzeige-Event-Burg gemausert. Natürlich wird auch hier das historische Gemäuer vorbildlich gepflegt, aber mit öden Führungen, wie zum Beispiel auf der Burg Eltz (»In dieser Kemenate sehen Sie noch das Originalbett von Gandolf dem Schüchternen«), gibt man sich hier nicht zufrieden. Auf der Ehrenburg ist man im 21. Jahrhundert angekommen und bedient eine Herr-der-Ringe-Fantasy-Klientel. Alle Angestellten tragen ein mittelalterlich anmutendes Outfit. Die Besucher laufen durch die dunklen Gänge und Kammern, die mit Lichteffekten oft jenseits der Kitschgrenze ausgeleuchtet sind. Die Burggeschichten kommen vom Band und werden mit düster wispernder Stimme vorgetragen. Für die Kinder und Jugendlichen gibt es eine Schatzsuche. Und die Erwachsenen haben unwahrscheinlich viel Spaß auf einem mittelalterlichen Töpfermarkt und mit dem Bier aus Tonkrügen. Oder eben beim Bogenschießen. Nachdem die Kinder zu Ende geschatzsucht hatten, ging unsere Wanderung los.

Ich werde von vielen Wanderern gefragt: Mensch, Herr Andrack, gibt es eigentlich einen Wanderweg, den jeder Wanderer einmal in seinem Leben gewandert sein muss? Das ist Geschmackssache: Der gläubige Mensch würde auf dem Jakobsweg nach Santiago de Compostela bestehen (andere Gläubige gehen lieber nach Mekka).

Jeder hat in »seinem« Wandergebiet vor der Haustür einen ganz bestimmten Lieblingswanderweg. Der Alpinist würde nicht auf die Alpenüberquerung verzichten, der Familienmensch nicht auf die Ehrbachklamm. In meiner Funktion als Vater (die nicht identisch ist mit meiner Identität als Wander-Einzelkämpfer auf 40-Kilometer-Strecken) bin ich die Ehrbachklamm sechs Mal gegangen.

An einem sonnigen Sonntag im Frühling, an dem auch Kommunion gefeiert wird, ist es in der Ehrbachklamm jedoch so voll wie in einer Fußgängerzone am letzten Samstag vor Weihnachten. Vor engen Passagen bildeten sich regelrechte Staus. Und das Schlimmste: Die Kommunionsgesellschaften verstopften die wenigen verfügbaren Restaurationen. (»Essen dauert anderthalb bis zwei Stunden.« – »Danke.«) Daher besser nie in die Ehrbachklamm an Feiertagen. Heute war das ganz entspannt. Wir haben insgesamt 91 uns entgegenkommende und überholende Personen gezählt, was für eine fünfstündige Mittelgebirgswanderung ein ganz ordentlicher Wert ist. Es waren auch größere Gruppen mit Kindern unterwegs. Einmal kamen uns drei Frauen und fünf Kinder entgegen. Da mussten die Männer wahrscheinlich arbeiten. Kurze Zeit später trafen wir zwei Frauen, einen Mann und neun Kinder. Es war nicht ersichtlich, wie sich hier die Verwandtschaftsverhältnisse zusammensetzten.

Keine anderthalb Kilometer nach der Ehrenburg täuschten Lena und Myriam eine irrsinnige Durstattacke vor. »Das kann doch nicht sein, ihr habt doch schon auf der Burg etwas getrunken!« Ich kannte den wahren Grund für den Spontan-Durst: die Pferde an der Brandengrabenmühle. Kein Problem, wir setzten uns zu einem Mineralwasser nieder und schauten uns ein paar Pferde an. Die Brandengrabenmühle ist eine Reiterklause, in der sich Wanderreiter treffen und auch übernachten können. Wanderreiten ist Wandern zu Pferde. Dabei sitzt man keineswegs die ganze Zeit auf einem Gaul, sondern muss auch selber etwas tun. Erfahrene Wanderreiter haben mir berichtet, dass man ungefähr die Hälfte der Wegstrecke wirklich wandert und das Pferd hinter sich herführt, um so das Tier zu entlasten.

Zehn Minuten nach der Brandengrabenmühle sahen die Kinder die Eckmühle und hatten plötzlich Hunger. Und ein bisschen Durst auch. Warum nicht? Die Kinder aßen Pommes frites und Hühnchen-Nuggets mit Ketchup und ich einen gedeckten Apfelkuchen. Dazu tranken wir alle Apfelschorle. Um unsere Beine strichen zwei kleine Hunde. Die Kinder fanden die Hunde süß. Für mich hatten sie eher die Ausstrahlung und das Aussehen von Kampfhunden im Miniformat. Aber ich habe mich bestimmt getäuscht. Neben der Eckmühle gab es auch noch eine Weide mit vielen Lämmern, die sich aber weder durch Lockrufe noch durch Löwenzahn dazu verleiten ließen, näher zu kommen und sich das Fell streicheln zu lassen. Direkt hinter der Eckmühle fing nun endlich die Schlucht der Ehrbachklamm an.

Es war nicht besonders heiß. Vielleicht 18 Grad. Unser nächstes Ziel war eine Bank auf halbem Weg. Vorher wollten die Kinder aber endlich einmal im Ehrbach baden. Na gut. Machten wir also eine Badepause. Die Spartaner haben mit knallharten Methoden ihre Kinder zu einer sehr gesunden Lebenshärte erzogen. Konnte also nicht ganz falsch sein, Lena und Myriam in das höchstens 10 Grad warme Wasser steigen zu lassen. An einer sandig-lehmigen Stelle stiegen die beiden ins Wasser. Und tauchten für zehn Sekunden bis zum Hals unter. Handtücher hatten wir natürlich nicht dabei (wir hatten doch im Hotel übernachtet). Also wurden schnell die warmen Klamotten über die nasse Haut angezogen. Das kribbelte schön.

Trotz der vielen Pausen erreichten wir nach einer halben Stunde in der Mitte der Ehrbachklamm unsere Lieblingsbank. In einem wilden Felsenensemble duckt sich diese Bank unter einem kleinen Felsvorsprung. Hier hatten wir bei früheren Wanderungen unseren Proviant ausgepackt, heute waren aber alle satt. Also habe ich auf der Bank etwas gelesen, und die Kinder sind auf den Felsen über mir herumgeklettert. Ich ließ noch die üblichen Ermahnungen los: »Schön aufpassen!« – »Ja, ja.« Wer besser aufgepasst hätte, war ich. Plötzlich hörte ich lautes Rascheln über mir und dachte, ist da ein Kind auf dem Laub ausgerutscht? Nein, ein ungefähr drei Meter langes und einen halben Meter dickes Baummonstrum stürzte auf mich herab und verfehlte meinen Kopf ganz knapp. Ich wäre fast erschlagen worden! Tot in der Klamm! Der neue Roman von Ingrid Noll! Da bringen ja auch immer die Frauen irgendwelche Männer um! Lena, die den Baumstamm ins Rutschen gebracht hatte, versicherte mir aber glaubhaft, dass der Stamm sich fast ohne ihr Zutun gelöst hätte. Ich hatte aber genug von meiner Lieblingsbank, und wir gingen weiter. In der drei Kilometer langen Ehrbachklamm war es zu eng gewesen, um eine Mühle zu betreiben. Erst am Ende der Klamm kam die nächste Mühle. Sie schien sich in Privatbesitz zu befinden. Ein schickes, allradbetriebenes Geländefahrzeug stand vor dem aufwändig renovierten Gebäude. Soweit ich es erkennen konnte, hatte der Wagen ein Düsseldorfer Kennzeichen. Eine urige Mühle als Wochenendhaus! Ich war immer der Meinung, dass man so etwas sein lassen sollte. Gründe gibt es reichlich:

1. Es dauert um die drei Stunden, an einem Freitagnachmittag mit dem Auto von Düsseldorf in den Hunsrück zu kommen.
2. Wenn man angekommen ist, muss man erst einmal das machen, weswegen man aus der Stadt geflüchtet ist: Klo putzen, aufräumen, kochen etc.
3. Eine Mühle hat von der Lage her schon feuchte Mauern.
4. Wenn man nicht jedes Wochenende dort ist, braucht man vor Ort eine Vertrauensperson, die nach dem Rechten sieht.
5. Damit sich das Haus auch lohnt, lässt man auch mal liebe Freunde dort wohnen. Das hat je nach Grad der hinterlassenen Verwüstungen schon zu unschönen Vorwürfen geführt.
6. Werden die Kinder älter, wird man bald feststellen, dass Björn und Indira es nicht mehr angesagt finden, in wirklich *jedem* Urlaub ins »Häuschen« im Hunsrück zu fahren und nicht wie ihre Klassenkameraden nach Ibiza.
7. Ein hundert Jahre altes Dach ist häufiger mal undicht.
8. Holzhacken macht im Dauerregen keinen Spaß.

Froh, keine Mühle im Ehrbachtal zu besitzen, ging ich mit Lena und Myriam zur Daubersbergermühle. Endlich wieder eine Rast machen! Wir hatten ja schon sooo lange keine Pause mehr gemacht. Die Kinder hatten Lust auf was Süßes. Ich auch. Also holten wir uns bei der schrulligen Daubesbergermühlen-Frau (hier nur Selbstbedienung) Eis. Myriam, die Jüngste, aß ein Ed von Schleck, Lena ein Exotic-Solero und ich einen Happen. Auch Langnese ist von der Retrowelle erfasst worden und hat den »Braunen Bär« wieder im Programm. Mochte ich noch nie. Der Karamellkern ist eklig klebrig. Ich war immer für »Miami Flip«.

Hinter der Daubersbergermühle gingen wir durch eine baumreiche Gegend. Die Zweige der Laubbäume hingen tief über dem Weg und streiften gelegentlich unsere Köpfe. Myriam blieb nun alle 100 Meter stehen, um ihre Kopfhaut nach Zeckenbefall abzusuchen. Sie schimpfte mit mir, weil ich die Zeckenzange vergessen hatte. In der Tat sollte bei Frühlings- und Sommerwanderungen immer eine Zeckenzange im Gepäck sein. Die Zecken-Biester graben sich mit ihren Köpfen in die unterschiedlichsten Körpergegenden. Meine Schwester, die Kinderärztin ist, musste einmal einem achtjährigen Jungen Zecken aus dem Hodensack entfernen.

Auch nachdem wir uns in der Hierermühle nochmal mit Fritten und Steak, Salat für alle und einem kühlen Königsbacher Pils für den Papa gestärkt hatten, war nach ungefähr neun Kilometern Fußmarsch bergauf die Erschöpfung groß. Lena und Myriam waren mit ihren Kräften am Ende und kämpften zusätzlich mit einer gewissen Verdauungsmüdigkeit (medizinischer Fachausdruck: postprandiale Müdigkeit). Plötzlich war alles schlecht, langweilig und blöd. Myriam fing an zu fluchen: »Das ist ein Fuck-Weg.« Lena schloß sich an: »Immer laufen ist doof. Ich will jetzt neben dem Weg herschwimmen.« Das wäre für andere Kinder auch eine Qual, aber im Wasser ist Lena in ihrem Element. Da nölte aber auch schon wieder Myriam von rechts: »Ich schwitze, und ich bin müde, und mir ist langweilig, und alles ist langweilig.« Und, ganz wichtig: »Ich will nach Holland.« Tja, das würde wohl heute nichts mehr werden.

Zur Aufheiterung schlug ich das »Schritt-für-Schritt«-Spiel vor.

»Schritt für Schritt und
Mann für Mann, und
wer den Schritt nicht halten kann,
der ist ein dummer, dummer Eselsmann.

Ein Hut,
ein Stock,
ein Damenunterrock.
Und vorwärts,
rückwärts,
seitwärts ran.«

Dieses Spiel brachte uns immerhin unserem Ziel 200 Meter näher. Irgendwann waren wir dann am Bahnhof, doch der nächste Zug fuhr erst eine Stunde später. Also nahmen wir den Bus nach Koblenz und von dort den Zug zurück nach Köln. Im Rückblick fanden die Kinder die ganze Wanderung großartig. Obwohl der zweite Tag

»Das ist ein Fuck-Weg.«

gegen die Wanderung im Baybachtal verloren hatte. »Die Ehrbachklamm ist etwas für kleinere Kinder«, befand Lena fachmännisch. Gut zu wissen. Dann kann ich jetzt mit meinen »großen« Kindern ja auch anspruchsvollere und längere Touren planen.

1. Tag:	
Wegstrecke:	20 Kilometer
Wanderzeit brutto:	8 Stunden, 11 Minuten
Wanderzeit netto:	5 Stunden, 12 Minuten
WDG:	3,85 km/h
2. Tag	
Wegstrecke:	12 Kilometer
Wanderzeit brutto:	5 Stunden, 40 Minuten
Wanderzeit netto:	3 Stunden, 15 Minuten
WDG:	3,69 km/h
Autokennzeichen:	Von SIM (Kreis Simmern) nach MYK (Kreis Mayen-Koblenz) und am zweiten Tag umgekehrt von MYK nach SIM
Wanderkarte:	Die Mosel von Bernkastel-Kues bis Koblenz, zugleich Wanderkarte Nr. 36 des Eifelvereins und Wanderkarte des Hunsrückvereins, 1:50.000
Das Bier der Region:	Königsbacher Pils
Höchster Punkt der Wanderung:	480 m (Emmelshausen)
Niedrigster Punkt der Wanderung:	108 m (Hotel Forellenzucht)

Der feuchte Schwarzwald

Im Frühjahr 1998 war ich im Schwarzwald unterwegs. Der FC hatte in einem Sonntagsspiel beim VFB Stuttgart 1:1 gespielt. Das sollte gegen den Abstieg reichen. Dachte ich. Dachten alle. Aber danach hatte der 1. FC Köln bis zum letzten Spieltag keinen einzigen Punkt mehr geholt. Und auch am vorletzten Spieltag in Bielefeld verloren. Danach bin ich auch gewandert, aber dazu im nächsten Kapitel. Gemäß Punkt zwei der Nach-Auswärtsspiel-wandern-Regeln nutzte ich den Aufenthalt im Süddeutschen, um die Gegend zu erkunden. Am Montag war ich von Pforzheim bis kurz vor Freudenstadt gewandert. Das waren 40 Kilometer gewesen. Ich war auf dem Schwarzwald-Mittelweg gegangen. Es gibt drei Höhenwege durch den Schwarzwald: West-, Mittel- und Ostweg, die alle in Pforzheim starten.

In der Pension in Freudenstadt pflegte ich meine malträtierten Füße. Die Etappe am Dienstag sollte kürzer werden: nur 28 Kilometer bis Schiltach. Der Wanderführer hatte gewarnt: Keine Einkehrmöglichkeiten zwischen Freudenstadt und Schiltach, Natur pur.

Ich ging bei leichtem Nieselregen los. Ich fühlte mich gut präpariert. Ich hatte eine Jacke mit einer imprägnierten Schutzschicht angezogen. Ich war damals noch nicht häufig gewandert und trug Jogging- statt Wanderschuhe.

Meine Klamotten hatte ich in einem großen Stoffrucksack der Marke »4-U« verstaut.

Der Schwarzwaldhöhen-Mittelweg ist vom Typus her mit dem Rothaarsteig zu vergleichen. Endlos lang gezogene Forststraßen, und am Vortag wäre ich fast zu Schaden gekommen, als mich ein gigantischer Holztransporter mit einem irren Tempo überholte.

Auf den Kämmen des Schwarzwalds sieht man teilweise recht gruselige Waldstücke. Auf riesigen Flächen ragen einzelne Baumstämme wie Streichhölzer in den Himmel. Hat ein Baum seine Äste behalten, ist kein grünes Blatt oder keine grüne Nadel übrig geblieben. Hier oben sah es aus, als habe ein Orkan oder ein Waldbrand gewütet und alles Grüne vertrieben. Große Schilder am Wegesrand klärten über den wahren Sachverhalt auf: Waldsterben. Das gute alte Waldsterben, von dem man lange nichts mehr gehört hatte, das aber dennoch existiert. Der Schwarzwald ist wegen seiner geographischen Lage besonders gefährdet. Der Wind treibt die bösen sauren Regenwolken aus Frankreich herüber über die breite Rheinebene. Dann stellt sich der Höhenzug des Schwarzwalds plötzlich den Wolken entgegen, und es regnet auf die Wälder des Forêt-Noire nieder.

Und in so ein ordentliches Schwarzwälder Abregnen war ich an diesem Dienstag im April gekommen. Wenn es im Wald regnet, dann regnet es richtig. Die Bäume schützen einen nicht vor dem Regen, sondern geben über das Blattwerk die Feuchtigkeit ab. Es kann vorkommen, dass es schon eine Stunde lang nicht mehr regnet, im Wald tröpfelt es aber immer noch kräftig aus den Baumkronen. Ich ließ mich aber nicht beirren. War ich etwa aus

Zucker? Hatte ich Weichei vorne auf der Stirn stehen? Na also!

Die Forststraße wechselte immer mal wieder mit einem schmalen Pfad ab, der im Wanderführer als »steindurchsetzte und wurzeldurchzogene Naturwegstrecke« beschrieben war. Hier verlief früher die Grenze zwischen dem Königreich Württemberg und dem Großherzogtum Baden, was durch zahlreiche Grenzsteine gut erkennbar ist.

Dieser Pfad hatte sich im ergiebigen und lang anhaltenden Regen in einen morastigen Sumpf verwandelt. Schon nach sieben Kilometern waren meine Joggingschuhe inklusive Strümpfen völlig durchnässt. Na ja, würde alles in Schiltach wieder trocknen. Langsam merkte ich auch, dass es am Nacken feucht wurde und verschiedene Nahtstellen meiner Jacke durchnässt waren. Noch ging es. Keine Stunde später war ich am Ende. Das Futter meiner Jacke hatte sich komplett mit Wasser voll gesogen, die Oberschenkel meiner Jeans waren dunkelblau eingefärbt. Der Stoff klebte an meinen Beinen wie nach einem Regenguss auf dem Fahrrad. Nach insgesamt 15 Kilometern machte ich Rast an einer Wanderhütte. Das Innere der Hütte war allerdings verschlossen, sodass ich mich nur unter dem knappen Vordach unterstellen konnte. Inzwischen war die Feuchtigkeit weiter nach oben in meine Leistengegend gewandert und hatte auch von meiner Unterhose Besitz ergriffen. Ich hatte im wahrsten Sinne des Wortes nicht mehr einen einzigen trockenen Faden Stoff am Leib. Alles hatte sich voll gesogen.

Ich beschloss, mich umzuziehen. Ich hatte ja noch mehr Klamotten dabei. Die waren zwar schon gebraucht, aber wen interessierte das jetzt schon. Leider war auch mein Rucksack nur noch ein feuchtes Bündel und der Inhalt ebenso.

Verzweiflung pur! Nach der Nässe kroch noch aprilige 10-Grad-Kälte in meine Knochen, was die Angelegenheit nicht besser machte.

Ich musste die Wanderung abbrechen. Bis heute weiß ich nicht, wie Schiltach aussieht. Ich ging steil den Berg nach Bad Rippoldsau hinab. Ich brauchte ein Hotel. Schnell. Die Wirtsleute waren etwas erstaunt, dass da jemand am Nachmittag ein Zimmer für ein paar Stunden haben wollte. Aber ich war ja allein und augenscheinlich sehr feucht. So bekam ich für den halben Preis ein trockenes Zimmer. Ich breitete sämtliche durchnässten Sachen auf allen zur Verfügung stehenden Heizungen aus und drehte die Heizkörper auf Anschlag hoch. Dann stellte ich mich erst einmal unter die heiße Dusche.

Als sich nach zwei Stunden die gröbste Nässe aus den Kleidern verflüchtigt hatte, war mir das Warten zu langweilig geworden. Ich stieg in die klammen Klamotten und fuhr nach Köln zurück. Zu Hause warf ich meine Jacke und den Rucksack in den Müllcontainer. Direkt am nächsten Tag kaufte ich mir eine wirklich regendichte Gore-Tex-Jacke mit warmem und herausnehmbarem Fleece. Außerdem investierte ich in Wanderschuhe und einen richtigen Wanderrucksack aus Gore-Tex. Wenn es nach Regen ausschaut, verpacke ich alle Klamotten aus Baumwolle in Plastiktüten. Seitdem ist mir ein Regendesaster wie damals im Schwarzwald erspart geblieben – toi, toi, toi. Erstaunlicherweise fanden alle Wanderungen, die ich für dieses Buch unternommen habe, bei herrlichstem Wetter statt. Ein kurzer Schauer trübte einmal das Bilderbuchwetter, ansonsten nur eitel Sonnenschein.

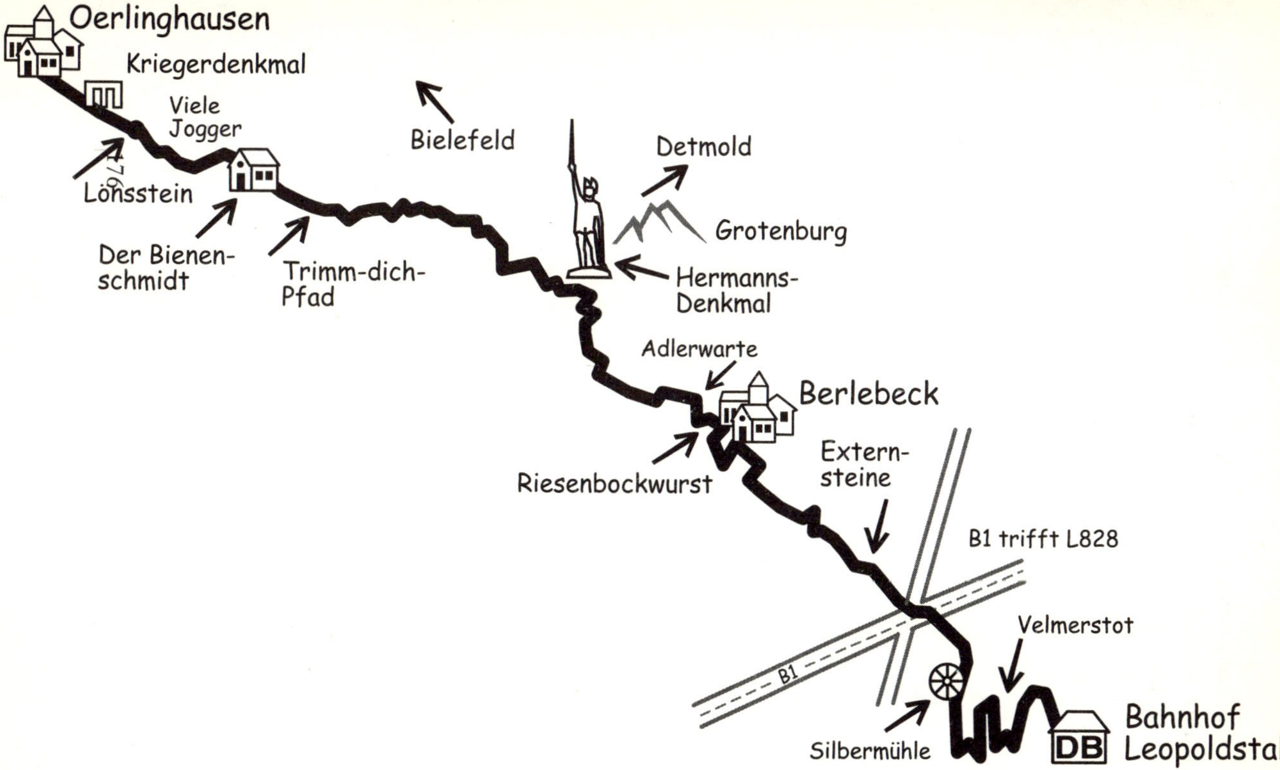
Oerlinghausen
Kriegerdenkmal
Viele Jogger
Lönsstein
Der Bienenschmidt
Trimm-dich-Pfad
Bielefeld
Detmold
Grotenburg
Hermanns-Denkmal
Adlerwarte
Berlebeck
Riesenbockwurst
Externsteine
B1 trifft L828
B1
Velmerstot
Silbermühle
Bahnhof Leopoldstal
DB

Darf man Mountainbiker grüßen?

Mit Markus auf dem Hermannsweg

April 2004

Um 5:55 Uhr klingelte der Wecker. Es war Osterdienstag. Das Schicksal des Wanderers bleibt das frühe Aufstehen. Wer sich jemals gefragt hat, wer vor allem an Sonn- und Feiertagen die Züge am frühen Morgen benutzt, dem sei gesagt: Wanderer. Es macht keinen Spaß, erst um die Mittagszeit loszuwandern und so den halben Tag zu verschenken. Na gut, wenn es nicht anders geht, ist auch ein halber Tag besser als gar nichts.

»Der frühe Vogel fängt den Wurm«, sagte ich mir, um meinen müden Körper zu betrügen. »Morgenstund hat Gold im Mund«, schrie ich meinem schwachen Fleisch entgegen, um mich zu motivieren. Um 7:10 Uhr wollte ich am Kölner Hauptbahnhof sein. Ich hatte schon am Vorabend meinen Wanderrucksack gepackt, um nach einem Turbo-Frühstück schnell zur Straßenbahn zu kommen. Auf Gleis 4 wartete schon abfahrbereit der Zug Richtung Leipzig und mein Freund Markus. Wir wollten im Teutoburger Wald auf dem Hermannsweg wandern und nahmen bis Herford den Intercity.

Markus kenne ich seit meinem ersten Semester an der Universität Köln. Ich hatte 1984 Abitur gemacht und im gleichen Jahr mein Studium der Theater-, Film- und Fernsehwissenschaft, Germanistik und Kunstgeschichte aufgenommen. Das hört sich viel an, ist aber ein ganz normaler Studiengang für den Abschluss Magister Artium mit drei Fächern.

Markus studierte auch Germanistik, und wir besuchten denselben Erstsemester-Einführungskurs. Wir verstanden uns auf Anhieb gut und trafen uns regelmäßig mit anderen Studenten zu einem Erstsemester-Stammtisch in der Kneipe »Cartoon«. An den Wänden hingen, wie der Name schon sagt, Cartoons von Zeichengiganten wie Mordillo und Uli Stein. Das war mein Wintersemester 1984/1985. In den folgenden Jahren brachte ich den wechselnden Freundinnen und Frauen von Markus das Doppelkopfspielen bei und war zweimal sein Trauzeuge. Außerdem habe ich ihn, der aus Neuss stammt, zum bekennenden FC-Fan gemacht, der gemeinsam mit mir seit vier Jahren das Los des FC-Dauerkartenbesitzers teilt.

Wir waren schon häufiger zusammen gewandert, doch bisher hatte er sich immer geweigert, eine richtig lange Tagestour mit mir zu machen. Weshalb er mich auch für bescheuert erklärte, als ich in den vorangegangenen Tagen eine 39-Kilometer-Tour ausarbeitete. Ich wollte mit Markus vom Anfang des Hermannswegs in Leopoldstal über das Hermannsdenkmal nach Oerlinghausen laufen. Schön und gut, so Markus, aber 39 Kilometer? Viel zu viel sei das, und ich solle seinen Rücken nach dem Bandscheibenvorfall bedenken, und das würde doch keinen Spaß mehr machen, und das Höchste, was er je gewandert sei, seien 33 Kilometer gewesen, und danach habe er drei Tage lang nicht mehr gehen können. Ja, ja, habe ich ihn beschwichtigt, es gibt am Ende der

Wanderung mehrere Möglichkeiten abzubrechen, um mit einem Taxi zum nächstgelegenen Bahnhof zu fahren. Ansonsten habe ich ihn aber im Stil eines guten Pädagogen aufgebaut und starkgeredet.

So früh am Morgen saßen wir im Zug still nebeneinander und lasen in unseren Zeitungen und Büchern. Am Tag zuvor hatte er mir am Telefon gesagt, dass er erst ab Beginn der Wanderung mit mir Konversation betreiben könne, da er dringend noch einiges lesen müsse. Man merkt schnell, dass Markus Lehrer ist. Er kann ganz schön streng sein. Fass dich kurz, ich habe zu tun, heißt es manchmal am Telefon, und dann gehorche ich natürlich.

Wir brachen unser Schweigegelübde jedoch viel eher. Nachdem der Intercity in Herford auf die Minute pünktlich angekommen war, fuhren wir mit der Regionalbahn über Bad Salzuflen (wohnte da nicht mal eine Gabi?), Lage und Detmold nach Leopoldstal. Wir durchquerten den Kreis Lippe, der es sogar zu einem eigenen Symbol im nordrhein-westfälischen Wappen gebracht hat. Während links der Rhein durch grüne Wiesen fließt (Nordrhein), wiehert rechts das westfälische Pferd auf Rot. Und zwischen den beiden ist unten die lippische Rose eingequetscht. Für mich war diese Gegend immer Ostwestfalen, aber Markus korrigierte mich, wir befanden uns im Lipperland. Auf meiner heutigen Wanderkarte trägt dieses Gebiet den Namen Hermannsland. Ich weiß nicht, ob dieser Name wirklich gebräuchlich ist. Sagt man in Detmold wirklich »Ich bin ein Hermannsländer«? Auf jeden Fall ist der Hauptwanderweg im

Hermannsland der Hermannsweg, der über 166 Kilometer von Leopoldstal nach Rheine über die Höhen des Teutoburger Waldes führt.

1998 war ich den Hermannsweg schon einmal gegangen. Seit 1986 hatte ich definitiv mein Herz an den 1.FC Köln, den großen Club meiner Heimatstadt, verloren und ging regelmäßig ins Müngersdorfer Stadion. Einige Jahre später fing ich auch an, zu den Auswärtsspielen in der näheren Umgebung zu fahren: Düsseldorf, Uerdingen, Leverkusen, Bochum. Als ich dann noch weiter in die Fremde fuhr, um den FC zu sehen, machte ich es mir zum Prinzip, nicht direkt nach dem Fußballspiel wieder die Heimreise anzutreten, sondern längere Zeit in der Auswärts-Stadt zu bleiben. Ob Hamburg, München, Berlin oder Stuttgart, überall gab es eine »Nachspielzeit«. Am vorletzten Spieltag der Saison 1997/98 hatte der 1. FC Köln bei Arminia Bielefeld gespielt. Es war die letzte Chance für den FC gewesen, die Klasse zu halten und einer der wenigen Clubs zu bleiben, die seit Start der Bundesliga 1963 in der höchsten Spielklasse vertreten waren. Bei einem Sieg gegen die bereits abgestiegenen Bielefelder hätten es die Geißböcke im letzten Heimspiel gegen Bayer Leverkusen selber in der Hand gehabt, den Abstieg zu vermeiden.

Viele FC-Fans hatten sich auf den Weg nach Ostwestfalen gemacht, um ihren Verein zu unterstützen. Die Saison war grausam gewesen. Schlechte Spieler, schlechte Spiele, und dann war auch noch Lorenz-Günther Köstner unser Trainer geworden.

Ich war in einem Sitzplatzblock für Auswärtsfans direkt hinter dem Tor gelandet. Nach 16 Minuten führte der

FC 1:0 durch ein Tor von Dorinel Munteanu, der vor meinen Augen die Kugel in die Maschen drosch. Ekstatischer Jubel in meinem Block. Wir sangen »Niemals zweite Liga, niemals, niemals!«. Das Spiel war ein typischer Abstiegs-Kick. Die Bielefelder waren erbärmlich schlecht, und Köln führte völlig verdient zur Pause.

Nach der Pause spielte Bielefeld auf das Tor vor meiner Nase. Uwe Fuchs, der auch mal jahrelang in Köln, erst bei der Fortuna, dann beim FC, gespielt hatte, schoss das 1:1 für Bielefeld. Dann, in der 74. Minute, ich sehe es noch vor mir, hämmerte Uwe Fuchs aus zwei Meter Entfernung den Ball unter die Latte. Köln hatte verloren, wir waren abgestiegen. Das erste Mal nach 35 Jahren Bundesliga-Zugehörigkeit. Viele Fans weinten. Ich fuhr nach Leopoldstal und übernachtete dort, um am nächsten Morgen in aller Frühe loszuwandern.

Ich war schon in meinen blauen Cord-Kniebund-Wanderhosen angereist und hatte mir, je nach Spielausgang, eine Jubel- oder Frustwanderung durch den Teutoburger Wald vorgenommen. Es wurde eine Frustwanderung. Und es war die längste Wanderung, die ich je unternommen habe. Ich war vom Bahnhof Leopoldstal bis zum Bielefelder Hauptbahnhof genau 50 Kilometer gegangen, und das waren zehn Kilometer zu viel gewesen. Aber die Schmerzen in den Beinen und unter den Füßen lenkten vom Schmerz des Abstiegs ab.

Diese Wanderung war nicht die einzige Frustwanderung nach einer Auswärts-Niederlage. Nach dem Wiederaufstieg mit dem »heiligen« Ewald Lienen in der Saison 1999/2000 hatten die FC-Fans nach schwierigem Start eine schöne 1. Bundesliga-Saison 2000/2001 erlebt. Doch im September 2001, zum Start der darauf folgenden Saison, standen die Geißböcke wieder mit dem Rücken zur Wand. Am 29. September 2001 spielten wir in Berlin bei der Hertha und verloren sang- und klanglos mit 3:0 nach Toren von Deisler, Marcelinho und Preetz.

Zusammen mit meinem Freund Victor und seinen beiden homosexuellen WG-Mitbewohnern war ich ins Stadion gegangen. Für die anderen beiden war es das erste Spiel in ihrem Leben. Nach dem Spiel fuhren sie enttäuscht nach Hause. Das Ergebnis des Spiels war ihnen egal, aber sie hatten sich mehr von der erotischen Ausstrahlung der Fußballfans erwartet. Ihnen schwebte so eine schmutzige Village-People-Bauarbeiter-Seemanns-Aura vor. Der gewöhnliche Hertha-Fan sah aber nach Hertha-Fan aus.

Victor und mich frustierte nicht der fehlende Sex-Appeal der Zuschauer, sondern das Ergebnis. Wir steuerten den Grunewald an, der direkt hinter dem Berliner Olympiastadion anfängt. Der Kontrast zwischen einem Fußballstadion und einem Wald könnte größer nicht sein. Bunte, grelle Kostümierung der Fans im Stadion. Gedeckte Grün- und Brauntöne im Wald. Schrilles Pfeifen, lautes Singen, unangenehmer Torjubel der gegnerischen Fans. Danach Stille mit zartem Blätterrascheln und Vogelzwitschern. Im Stadion muss man seinem Nachbarn zu Kommunikationszwecken ins Ohr brüllen, im Wald kann sich ein gepflegtes, intimeres Gespräch entfalten. Dem Stillstand auf Steh- oder Sitzplatz folgt kontemplatives Schreiten.

So hatten Victor und ich das blamable Spielergebnis schnell vergessen und marschierten durch den Grunewald. Am Grunewaldturm stiegen wir in einen nostalgischen Berliner Doppeldeckerbus und fuhren zur S-Bahn-Station Wannsee.

In der S-Bahn Richtung Berlin-Mitte planten wir zukünftige Wanderabenteuer. Dabei fiel auch der Name des Thüringer Rennsteigs, der ein Wanderklassiker ist. Sofort schaltete sich ein mitreisender Berliner ein und riet dringend vom Rennsteig ab. Dieser Weg sehe aus wie Grenzanlagen der DDR. Fünf Meter breit und asphaltiert würde sich der Rennsteig durch den Thüringer Wald ziehen. Ich habe den Rat des Berliner-S-Bahn-Wanderexperten seitdem befolgt, weiß also nichts über den Thüringer Rennsteig zu sagen.

In der Saison 2003/2004 war der 1. FC Köln mal wieder zum Abstieg verdammt. Aber die Saison hatte ich schon abgeschrieben, und so war ich ohne Fußballfrust mit meinem Freund Markus im Teutoburger Wald unterwegs. In allen Wanderführern heißt es, der Hermannsweg würde in Leopoldstal starten, aber das stimmt nicht so ganz. Eigentlich startet der Hermannsweg, der mit einem weißen H auf schwarzem Grund markiert ist, irgendwo in den Bergen oberhalb des Ortes. Der Startpunkt ist nicht genau definiert, aber irgendwann findet man den Weg. Fünf Minuten nach Verlassen der Bahnhaltestelle waren wir im Wald. Das macht die Qualität eines guten Wanderstartpunkts aus. Nicht endlos durch Vorstädte oder über Landstraßen wandern zu müssen, bevor es richtig losgeht, nein: Aus dem Zug aussteigen, ein paar Häuserreihen entlang, und dann fängt die Natur an.

Zu Beginn ging es sehr steil bergan, und auf den letzten 500 Metern des Aufstiegs zum Velmerstot kamen wir richtig ins Schwitzen, obwohl es gerade mal acht Grad waren. Aber es lohnte sich. Oben auf dem Velmerstot erwartete uns eine wunderschöne flache Landschaft. Hier gibt es so eine grün-bräunliche Heide- und Hochmoor-Vegetation mit gummiartigem weit verästeltem Gewächs. In der Kategorie schönster höchster Berg eines deutschen Mittelgebirges ist der Velmerstot ganz weit vorne. Die meisten höchsten Berge sind asphaltiert und verbaut (Feldberg, Brocken). Andere sind einfach nur stinklangweilig und belanglos (Langenberg im Rothaargebirge). Als ganz grausam habe ich den Erbeskopf in Erinnerung, den höchsten Berg des Hunsrücks. Den Erbeskopf hatte ich auch zusammen mit Markus erwandert, und es dauerte erst einmal gefühlte zwölf Stunden, bis wir diesen Berg auf weiten und schnurgeraden Wanderwegen erreicht hatten. Statt Aussicht und der Gewissheit, am höchsten Punkt des Berges zu sein, erwartete uns Stacheldraht. Der Erbeskopf ist ein Hochsicherheitsgebiet der Bundeswehr, und ich weiß nicht, ob da Hunsrücker oder Franzosen ausspioniert werden. Entsprechend macht der Aussichtsturm jedem Lager im Gulag große Ehre. Von da oben sieht man nur Bäume. Also: Erbeskopf mangelhaft, Velmerstot sehr gut.

Vom Velmerstot führte uns der Hermannsweg bergab in ein liebliches Tal mit geschwungenem Bachlauf bis zur Silbermühle. Zwei Kilometer hinter der Silbermühle

Wanderglück an der B1

unterquerten wir eine gigantische Brückenkonstruktion, unter der eine Landstraße und die B1 aufeinander treffen. Der Krach war gewaltig, und optisch war es schlimmer als die meisten Autobahnunterquerungen. Danach ging es wieder steil bergan auf den Kamm des Teutoburger Waldes. In südlicher Richtung lagen die Berge, im Norden die lippische Tiefebene. Na ja, wenn die mal so heißt. Der Weg selber war ein schmaler Pfad durch eine Grasfläche mit vereinzelt stehenden Birken. Nach und nach wurde es steiniger. Allerdings hatten die Steine maximal die Größe von Medizinbällen. Umso unerwarteter schossen plötzlich riesige Felsgebilde in den Himmel. Ein Mini-lippisches-Sandsteingebirge. Die Externsteine von Horn Bad-Meinberg. Es sind ungefähr 40 Meter hohe, schlanke Felssäulen, und sie wirkten ein wenig irreal, so als hätte ein durchgeknallter Bühnenbildner, völlig uninspiriert, in der Nähe von Detmold ein paar Pappmaché-Felsen gebaut. Doch schon zu germanischen Zeiten war hier eine heidnische Kultstätte gewesen: das Stonehenge des Lipperlands.

Auch die Christen entdeckten die Steine für sich und gruben schon 1115 eine Kapelle in den Stein. Und noch heute treffen sich um die Zeit der Mittsommerwende, am 22. Juni, einen Tag vor meinem Geburtstag, eine Gemeinschaft von Freaks, Esoterikern und Neonazis, um was oder wem auch immer zu huldigen.

Da Markus Geschichtslehrer ist, wandelte ich dieses Mal historisch auf sicherem Fundament. Er berichtete mir einiges über das Thema Nazis und Wandern. Wie vieles andere sind auch die Wandervogel-Bewegung und Jugendbünde von den Nazis missbraucht worden. 1901 wurde »Der Wandervogel« in Berlin-Steglitz gegründet und hatte während der Weimarer Republik eine Mitgliederstärke von 30.000 erreicht. Man veranstaltete Wanderfahrten und übte sich in Volkstanz und -musik.

Es entstand eine deutsche Jugendbewegung, die sich so viel bewegte wie noch nie zuvor. Sie propagierte ähnlich wie die FKKler ein »Zurück-zur-Natur-Gefühl«. Die Nazis lösten die Wanderbünde auf und überführten sie 1933 in die Hitlerjugend. Dort pervertierten sie das Wandern zu einer paramilitärischen Veranstaltung. Nicht umsonst galt das Wandern jahrzehntelang nach 1945 als spießig und reaktionär. Ein 68er, der wandert, war unvorstellbar, denn Wandern war mit Sicherheit noch muffiger als die Talare der Professoren.

Markus und ich sahen keine Neonazis und Esoteriker an den Externsteinen. Man kann die Externsteine über ein komplexes Treppensystem besteigen. Der Eintritt kostete 1 Euro und 50 Cent. Wir fanden, dass das Quatsch war, da doch der wirklich großartige Anblick der von unten war.

Nach den Externsteinen ging es wieder steil bergauf und dann auf dem Kamm leicht bergab. Erst steil hoch, dann langsam bergab. Auf den ersten 20 Kilometern wiederholt sich das mehrmals und ist typisch für diesen Weg. Ich finde das angenehmer als umgekehrt, aber das ist natürlich Geschmackssache. Ich wusste nicht, ob das Auf und Ab Markus gefiel. Sein Lieblingsspruch bei Wanderungen und Radtouren ist: »Bloß keine Höhe verschenken.« Am liebsten würde er immer auf einer Höhe bleiben und nie einen Weg nehmen, der bergab führt. Es bestünde dann die Gefahr, dass man wieder bergauf gehen müsste.

Markus und ich hatten auf den abfallenden Strecken ein richtig gutes Tempo drauf. Geredet haben wir natürlich auch so einiges. Eines der Topthemen ist immer, wann und wo machen wir Mittagspause? Und sollen wir in der Mittagspause schon Bier trinken? Wir verschoben die Entscheidung. Außerdem diskutierten wir die Auswirkungen der PISA-Studie auf das deutsche Schulsystem und die Einführung des Abiturs nach 12 Schuljahren. Als Väter war uns wichtig, die Rolle des Mannes bei der Kindererziehung zu definieren. Daraus ergab sich eine intensive Diskussion, ob Karrieremachen oder Kinderkriegen geiler ist.

Wir stellten empirisch fest, dass die meisten jüngeren Menschen, die gerne wandern, Ex-Zivis sind. Wer beim Bund war, verabscheut das Wandern, weil es ihn an die 40-Kilometer-Märsche mit Gepäck erinnert. Später stritten wir uns über eine der großen Fragen der Moralphilosophie: Wie sind die Zukunftschancen des 1. FC Köln mit und vor allem endlich ohne Dirk Lottner? Und wo wir schon bei Köln waren: Ist es nicht zu begrüßen, dass Kölns Bewerbung um die Kulturhauptstadt 2010 gescheitert ist? War Köln dafür nicht zu großartig und zu bedeutend? Eigentlich werden doch nur mittelmäßige bis unbedeutende Städte wie Lille oder Genua Kulturhauptstadt.

Wir diskutierten die Vor- und Nachteile, in der Schweiz zu leben, und das Steuerkonzept von Friedrich Merz, das locker auf einen Bierdeckel passt. Außerdem würdigten wir den wahnsinnig raffinierten Volleyballaufschlag von Osama Bin Laden. Darüber hatte ich im »Spiegel« gelesen.

Kurz vor der Mittagspause tauschten wir sogar Rezepte aus; Gerichte, die lecker sind, aber wenig Arbeit machen. Heterosexuelle Männer, die Rezepte austauschen. Na ja, wir hatten schon großen Hunger.

Im Dorf Berlebeck wehte vor der Gastwirtschaft »Kanne« die Fahne des Herforder Pils. Gutes Zeichen, sagte Markus, das Ding hat offen. Leider gab es, so stand es auf einem Aushang, außer sonntags keinen Mittagstisch, und geschlossen war die »Kanne« auch. Also gingen wir Richtung Adlerwarte. Dort konnte man auch nichts essen. Aber wir sahen ein Hinweisschild, das uns zum Berg-Café führte. Dort wehte eine König-Pilsener-Flagge, und die Restauration hatte tatsächlich geöffnet.

Im Berg-Café gab es eine heiße Erbsensuppe (richtig heiß, sagte Markus) mit einer dicken, großen Bockwurst und eine schmackhafte Thunfisch-Pizza. Die Thunfisch-

In Holzhausen war's schöner als in Toiletten

Pizza kostete sensationelle 6 Euro und schmeckte nach mindestens 9 Euro. Wir fragten die Wirtin, warum es hier keine lokale Bierspezialität gebe. »Wir haben hier ein sehr internationales Publikum aus ganz Deutschland. Die trinken lieber König Pilsener, weil sie das kennen.« Zudem sei das Herforder Pils so »na ja«, und das Detmolder Pils sei ein »Damen-Bier«. Ein Damenbier schmecke süßlicher, erfuhren wir auf Nachfrage.

»Das schaffen Sie nicht!«

Wir blieben schweren Herzens bier-resistent.

Dann fragte die Wirtin nach unserem Ziel – »Oerlinghausen? Oerlinghausen?? Oerlinghausen??? – Das schaffen Sie nicht!« Wunderbar. »Das schaffen Sie nicht!« Besser hätte sie Markus nicht anspornen können. Ich war mir sicher, dass er die 39 Kilometer packen würde. Die Wirtin empfahl uns noch die große Adler-Flugschau in der Adlerwarte um 15 Uhr, doch wir hatten ja ein strammes Programm vor uns. Außerdem fanden wir die Aussicht auf eine Adler-Schau nicht so richtig spannend.

Markus und ich sind uns bei Entscheidungen während einer Wanderung immer schnell einig. Wann macht man Mittagspause? Gehen wir zur Adler-Show? Halten wir 39 Kilometer durch? Das sind Fragen, die wir im Konsens zu lösen fähig sind. Ich glaube, es wäre nicht so toll, zu dritt zu wandern. Einer ist dann immer mit seiner Meinung in der Minderheit. Derjenige muss sich dann murrend und maulend der Mehrheit beugen.

Markus und ich finden im Nachhinein immer, dass wir alles toll entschieden haben. Jede Entscheidung, auch eine unglückliche, wird später schöngeredet und als Jahrhundertentscheidung von uns beiden gefeiert.

Markus war nach der Super-Suppe mit Bockwurst in Hochstimmung und begann ein Gedicht von Joseph von Eichendorff zu zitieren:

»O Täler weit, o Höhen,
O schöner, grüner Wald,
Du meiner Lust und Wehen
Andächt'ger Aufenthalt!
Da draußen, stets betrogen,

Saust die geschäft'ge Welt,
Schlag noch einmal die Bogen
Um mich, du grünes Zelt!«

Herrlich! Solche Gedichte von Herrn Eichendorff über das Wandern findet man haufenweise in der Reclam-Ausgabe seiner Gedichte, und das kleine gelbe Heft passt in jeden Wanderrucksack.

Sechs Kilometer nach der Mittagspause erreichten wir die Grotenburg, den Berg, auf dem das Hermannsdenkmal steht. Und da waren wir auch schon wieder beim Thema Fußball. Denn bekanntermaßen hieß jahrzehntelang das Stadion von Bayer Uerdingen Grotenburg-Kampfbahn. Wieso also hieß ein Stadion eines niederrheinischen, gruseligen Werksvereins genauso wie ein Berg in Ostwestfalen, auf dem das Hermannsdenkmal steht? Sehr mysteriös.

Auf dem Gipfel des Grotenburg-Berges kamen wir an einem riesigen Auto- und Busparkplatz vorbei. Zielstrebig gingen wir zum Andenkenkiosk. Dort kaufte ich mir eine Broschüre über das Hermannsdenkmal und eine Eintrittskarte zur Besteigung des Turms. Folgende Andenken rund um den Hermann und sein Denkmal ließ ich links liegen:

- Aschenbecher
- Schnapsgläschen
- Bierhumpen aus Glas
- Bierhumpen aus Glas mit Zink-Deckel
- Bierstiefel aus Glas

- Weinglas (Format Römer)
- Feuerzeuge
- Aufkleber
- Bildband »Ernst von Bandel. Unbekanntes über den Erbauer des Hermannsdenkmals, verfasst von seinem Urenkel«
- CD von Fuzzi and Friends für 2 Euro. Fuzzi and Friends singen in Fankleidung von Arminia Bielefeld den Song »Hermann, der Armine«.
- gebogene Sticker für den Wanderstock alter Prägung, auf dem noch die Wanderziele markiert wurden. Das waren noch Wanderstöcke! Die sollten nicht Schultern und Knie entlasten, sondern zeugten mit ihren Plaketten von der Weitgereistheit des Besitzers.
- Dias
- Ansichtskarten
- Untersetzer
- Flaschenöffner
- Radiergummi
- Video
- Teller
- Großer Schlüssel mit dem Sinnspruch: »An diesem schönen Platze hab ich an dich gedacht, und habe dir den Schlüssel zum Erfolg mitgebracht.«

All das zu Ehren des Cheruskerfürsten Hermann, von den Römern Arminius genannt. Die Römer waren damals ganz schön fies, wie ich der Denkschrift über das Hermannsdenkmal entnehme: »Der den Römern eigene Hang zu Hochmut und Grausamkeit machte sich jetzt auch hier besonders deutlich bemerkbar, und sie behandelten ihre Verbündeten, die Germanen, wie die Tiere und noch schlimmer.«

Gott sei Dank erhielten die Römer unter der Führung ihres Feldherrn Varus die gerechte Strafe und wurden von Hermann und seinen Teutonen im Teutoburger Wald im Jahre 9 nach Christus vernichtend geschlagen. Der Kaiser Augustus im fernen Rom wusste wahrscheinlich nicht, dass es 9 nach Christus war, weil Christus damals noch ganz klein war. Dafür jammerte er lauthals: »Varus, Varus, gib mir meine Legionen wieder!« Aber alles Greinen half nichts, Hermann hatte triumphal in drei Tagen gesiegt und bekam dafür im 19. Jahrhundert von national beseelten Menschen ein Denkmal erbaut.

Dieses Denkmal besteht aus einem 30 Meter hohen, gemauerten Sockel und einem 26 Meter hohen Standbild. Das Schwert, das der Hermann in den ostwestfälischen Himmel reckt, ist sieben Meter lang und trägt die Aufschrift: »Deutschlands Einigkeit – meine Stärke, meine Stärke – Deutschlands Macht«. Dieses Schwert wollte ich mir aus der Nähe anschauen. Markus hingegen nahm von einer Hermanns-Besteigung Abstand, um sich für die letzten 15 Kilometer zu schonen.

Ich passierte mit meiner High-Tech-Eintrittskarte das automatische Drehkreuz und ging eine Wendeltreppe hinauf, die mich an den Aufstieg im Kölner Dom erinnerte. Die Treppe endete schnell, und ich stand auf einem Umgang in Höhe des Sockelabschlusses. Schade! Ich wäre lieber im Kopf von Arminius gelandet, so wie das bei der amerikanischen Freiheitsstatue möglich ist. Trotzdem war der Rundblick auf die umliegenden Ortschaften herrlich. Angst vor Selbstmördern kennt man

Deutschlands Einigkeit
– unsere Stärke,
unsere Stärke –
Deutschlands Macht

hier oben anscheinend nicht. Der Umgang des Kölner Doms ist dagegen mittlerweile ein Käfig. Hier konnte man sich über eine sehr niedrige Brüstung lehnen. Da ich im Alter unter zunehmender Höhenangst leide, verließ ich das Denkmal schnell wieder.

Nach dem Hermannsdenkmal ging es über einen steinigen Weg bestimmt 200 Höhenmeter steil bergab. Beim Abwärtswandern über längere Zeit empfiehlt es sich, bei jedem Schritt in den Kniegelenken nachzuwippen. Wenn man das Bein gerade lässt, haut es einem über kurz oder lang die Kniescheiben weg.
Auf den nächsten Kilometern wurde das Wanderterrain eher flach, und wir passierten viele Wanderparkplätze. In

Hier trank schon der alte Hermann

der Eifel kann man teilweise dutzende Kilometer durch menschenleeres Gebiet wandern. Der Teutoburger Wald ist dagegen von vielen Städten und Gemeinden umgeben und dient als Naherholungsgebiet der Einheimischen. Die machen zumeist keine lange Streckenwanderung, sondern steuern mit ihren Autos einen der vielen Wanderparkplätze und Attraktionen an. Dann wird eine Runde gewandert und wieder nach Hause gefahren.

Während ich bei einer Vorbesprechung dieses Buches in der schicken Villa des Verlages Kiepenheuer & Witsch in einem mondänen Kölner Vorort weilte, betrat eine Mitarbeiterin das Besprechungszimmer. Schreiend verließ sie den Raum, da ich etwas über Wandern im Teutoburger Wald sagte. Es war ihr Kindheitstrauma, jedes Wochenende mit ihrer Familie an verschiedenen Stellen des Teutoburger Waldes wandern zu müssen. Vati voran mit Stock und Hut und die Lieben hinterher.

Viele Menschen meiner Generation sind von sonntäglichen Familienausflügen traumatisiert. Ich empfehle in einem solchen Fall, auf unbekannte Regionen auszuweichen, um wieder Spaß am Wandern zu bekommen. Hat man sich in der Ferne wandermäßig enttraumatisiert, kann man wieder in die Heimat zurückkehren und sich dem einstmals verhassten Terrain mit einer größeren Streckenwanderung nähern. Das ist etwas ganz anderes, als zum hundertsten Mal auf einem Rundwanderweg um die Externsteine herumzugehen.

Schnell durchschritten wir die aneinander gereihten Naherholungsgebiete. Die hohen Kiefern am Wegesrand rochen mediterran und kündeten damit den Sommer an. Markus machte die kunst-, kultur- und naturhistorisch richtige Beobachtung, dass die Erbauer der gotischen Kathedralen ihre Visionen im Wald gehabt haben müssen. Denn der sonnendurchflutete Waldraum gab eine perfekte Schablone für die gotischen, steil aufragenden Mittelschiffe ab.

Wenn man längere Zeit zu zweit wandert, ist es erstaunlich, wie viel Neues man über einen Freund erfährt, den man eigentlich gut zu kennen glaubte. Neu war mir,

- dass Markus beim Wandern Skisocken trägt. Das empfiehlt er sehr. Ich hatte das noch nie ausprobiert, da ich noch nie Ski gefahren bin und daher auch keine Skisocken besitze.
- dass Markus‘ Tante in Oerlinghausen geheiratet hat.
- dass Markus ein absoluter Profi-Speed-Wanderer ist. Wenn er eine Zwischenverpflegung zu sich neh-

men will, schnallt er sich seinen Rucksack vorne um, trinkt einen Schluck und isst dann seine Banane, ohne den Schritt zu verlangsamen. Ich war beeindruckt.

- dass Markus entgegenkommende Wanderinnen optisch auf einer Skala von 1 (grusel) bis 10 (lechz) bewertet. Auf dem Hermannsweg fiel das Ergebnis nicht sehr günstig aus.
- dass Markus eine wahrhaftige Faustregel kennt: Wenn man auf einer Wanderkarte im Maßstab 1:25.000 die Faust als Maßeinheit nimmt, ergibt die Breite der Faust eine Wegstrecke von einer Stunde. Wir haben das getestet, aber es stimmt nur bedingt. Bei unserem rasanten Tempo war nicht die geballte Faust eine Stunde, sondern die Faust mit ausgestrecktem Daumen.

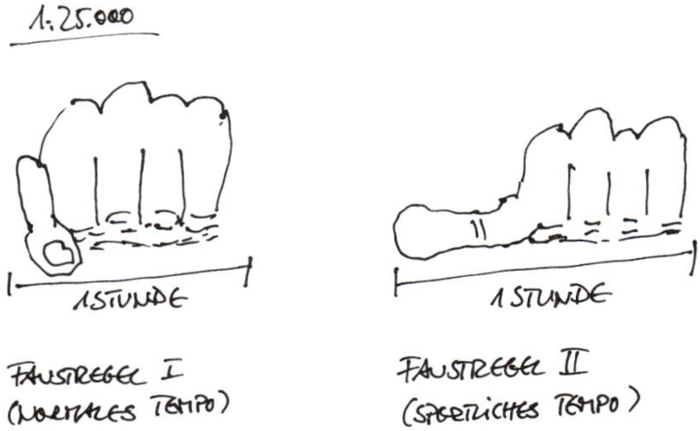

Es war jetzt langsam Zeit für eine kleine Nachmittagspause. Die erste Restauration kam nicht in Frage, weil die Außengastronomie noch nicht geöffnet hatte. Das Gasthaus »Waidmannsruh« lag mitten in einem Campingplatz und hatte Ruhetag.

Unsere letzte Chance vor Oerlinghausen war der »Bienenschmidt«. Eine Waldschänke mit Außengastronomie, die ich noch von meiner 1998er Wanderung in guter Erinnerung hatte. Doch auch der Bienenschmidt hatte Ruhetag. Wir waren verzweifelt. Aus dem Innenraum des Gasthofes hörten wir jedoch Stimmen. Die Tür war offen. Wir traten ein. Dort stand der Wirt des Bienenschmidt, Herr Schmidt, wie wir später erfuhren, und servierte einer mittelalten Dame zwei Portionen Lippischer Pickert. Lippischer Pickert, eine Art Pfannkuchen, war die Spezialität des Hauses Bienenschmidt. Die Dame war mit ihrem Ehemann extra für den Lippischen Pickert aus dem Ruhrgebiet angereist und hatte den Wirt dazu überredet, trotz Ruhetag eine Ausnahme zu machen. Wir flehten ihn an, auch für uns eine Ausnahme zu machen und uns etwas zu trinken zu geben. Herr Schmidt erhörte unser Flehen. Da er unseren Geschmack nicht kannte, brachte er zwei Sorten Hefeweißbier mit. Wir entschieden uns für beide Sorten. Gegen die Sonne gehalten, erschien mir die Färbung des Weißbiers wie flüssiges Gold.

Um Punkt 18 Uhr starteten wir, um die letzten sechs Kilometer der heutigen Wanderung in Angriff zu nehmen.

Wir kalkulierten eine knappe Stunde für diese Strecke ein. Mir kam der Hermannsweg-Kilometer allerdings auch wesentlich kürzer vor als der Rothaarsteig-Kilometer und erst recht als der Eifel-Kilometer. In der Eifel habe ich immer das Gefühl, für jeden Kilometer richtig arbeiten zu müssen. Hier im Teutoburger Wald rasten die Kilometer förmlich an uns vorbei. Das lag entweder an unserer guten Tagesform, oder in der Eifel wird einfach falsch gemessen.

Am Rande des Weges standen plötzlich diverse Turngeräte aus Holz. Ein Trimm-dich-Pfad! Und dazu noch tadellos in Schuss! Die große Zeit des Trimm-dich-Pfads waren die 70er Jahre. Im Vorfeld der Olympischen Spiele in München 1972 war eine neue Art von Bewegungsfieber in Deutschland ausgebrochen. Das Trimm-Männchen, Trimmy genannt, trug kurze Hosen, hatte ein breites Grinsen und streckte den Daumen in die Höhe. In fast jeder Kommune Deutschlands entstanden Trimm-dich-Pfade mit einem genormten Fitness-Programm. Es gab einen Parcours mit verschiedenen Geräten, wie Ringe, Reckstangen und Bock-Sprung-Pfosten. Zwischen den Geräten sollte man joggen (diesen Begriff gab es damals eigentlich noch nicht) oder gehen.

Ich war immer ein sehr großer Fan von Trimm-dich-Pfaden und habe es sehr bedauert, dass diese Ende der 80er Jahre allerorten verlotterten und abgebaut wurden, weil die Gemeinden nicht mehr für die Wartung zahlen wollten.

Ich freute mich richtig, dass entlang dem Hermannsweg nun ein Trimm-dich-Pfad verlief. Für Markus war es auch gut. Er hängte sich in die Ringe, um seinen von einem Bandscheibenvorfall lädierten Rücken zu entspannen.

In dieser Gegend, zwischen Bienenschmidt und Oerlinghausen, kamen uns mehrere Jogger entgegen. Markus grüßte alle. Ich war mir nicht so sicher, ob Wanderer Jogger grüßen sollten. Erst einmal prinzipiell: Wanderer grüßen natürlich andere Wanderer. Das ist eine Selbstverständlichkeit. Dabei gelten die üblichen Höflichkeitsregeln, also die Jüngeren grüßen zuerst, sodass wir eigentlich immer zuerst grüßen mussten. Wanderer grüßen natürlich auf keinen Fall Spaziergänger, die nur mal schnell mit dem Auto zu den Externsteinen oder diversen Ausflugslokalen oder Wanderparkplätzen gefahren sind, um »sich die Beine zu vertreten«. Man erkennt Spaziergänger direkt an der Körperhaltung, dem Outfit und dem schlendernden Gang.

Spaziergänger sind eine andere Spezies und werden nicht beachtet. Jogger werden von mir auch nicht gegrüßt. Jogger sind einfach in einem anderen Aggregatzustand der Fortbewegung. Wenn ich jogge, grüße ich auch andere Jogger. Aber dieser Gruß ist die stillschweigende Vereinbarung, dass beide leiden: Ich akzeptiere deine Qual, und du erkennst mein Leid an. Als Jogger würde ich auch niemals einen Walker grüßen. Der leidet ja gar nicht.

Und genauso ist es doch von Wanderer zu Jogger. Wir Wanderer grüßen auch noch nach 35 Kilometer kalt lächelnd und haben zwei Weizen intus, der Jogger quält sich mit verzerrtem Mund einen Rückgruß heraus. Ich finde, da gibt es ein Ungleichgewicht.

Einig waren Markus und ich, dass man unter gar keinen Umständen einen Mountainbiker grüßen sollte. Die gibt es im Teutoburger Wald, aber auch in anderen deutschen Mittelgebirgen reichlich. Mountainbiker sind albern angezogene Wald-Hooligans, die dort eigentlich nichts zu suchen haben. Wir beschlossen, dass Radfahrer auf den Asphalt gehören. Die wurden also nicht gegrüßt.

Ein befreundeter Theaterregisseur hat mir übrigens gestanden, dass er in der Kantine des Dreispartenhauses, an dem er beschäftigt ist, niemals die Opernsänger grüßen würde.

Solchen Standesdünkel kennen Lokomotivführer nicht. Im ICE 2 und im ICE 3, bei denen man als Fahrgast hinter dem Zugführer sitzen darf, kann man das sehr gut beobachten.

Der ICE-Lokführer grüßt ausnahmslos alle entgegenkommenden Lokführer, auch wenn sie nur einer Regionalbahn vorstehen. Und sogar Güterzug-Lokführer werden gegrüßt. Lokomotivführer sind wahrhaftig liberale Menschen.

2,5 Kilometer vor Oerlinghausen stieg der Hermannsweg noch einmal steil an und verlief dann auf einem Kamm. Von dort hat man eine herrliche Aussicht und kann bei gutem Wetter, und das hatten wir, bis zum ungefähr 50 Kilometer entfernten Weserbergland schauen. Leider deutschtümelte es auf den letzten Kilometern noch einmal heftig. Erst sahen wir den so genannten Lönsstein, ein Denkmal für Hermann Löns, den Heidedichter, der immer so begeistert für die deutschen Landschaften schwärmte. Dass er auch hier tätig war, wusste ich nicht. Ich brachte ihn immer mit der Lüneberger Heide in Verbindung.

Dann sind auf einigen Steinen am Wegesrand große Metalltafeln befestigt, auf denen die römischen Tugenden gelobt werden. »Temperatia – Macht und Zucht« konnten wir dort unter anderem lesen. Das war aber alles noch nichts gegen ein riesiges Mahnmal für den unbekannten Soldaten, das sich kurz vor Oerlinghausen breit machte. Mächtige dorische Säulen in offener Atrium-Form umgaben hier einen aufgebahrten unbekannten Soldaten. Hier wurde dem sechsten lothringischen königlichen Infanterieregiment mit folgenden Worten gedacht:

»Wanderer hemme den Schritt
Schirmend der Heimat heiligen Boden
Starben die Tapferen unbesiegt
Beuge dich vor des Opfers Größe«

Das saß.

Wir gingen abwärts nach Oerlinghausen und wollten mit dem Bus zum Bahnhof fahren. Oerlinghausen nennt sich nämlich Bergdorf Oerlinghausen und liegt auf dem Kamm des Teutoburger Walds. Der Bahnhof liegt in der Ebene. Die Bushaltestelle lag genau vor dem Alten Gasthaus »Nagel«. Und das gastronomische Angebot ließ uns schwach werden. Mit Spargel, Sauce béarnaise, Rindermedaillons mit Bärlauch-Mozzarella überbacken und Franziskaner Weizen feierten wir den neuen »39-Kilometer-an-einem-Tag-gegangen«-Rekord von Markus und ließen den Hermannsweg hochleben.

Wegstrecke:	39 Kilometer
Wanderzeit brutto:	8 Stunden, 47 Minuten
Wanderzeit netto:	6 Stunden, 57 Minuten
WDG:	5,61 km/h
Autokennzeichen:	LIP (Kreis Lippe)

Tja, lange Wanderung, aber nur ein Autokennzeichen. Man sieht zwischendurch auch noch öfters das veraltete DT (Detmold). Detmold gehört aber seit 1992 zu LIP. Die Wanderung beginnt kurz hinter HX (Höxter) und PB (Paderborn). Im Ziel Oerlinghausen schrammten wir knapp an BI (Bielefeld) und GT (Gütersloh) vorbei. Schade.

Wanderkarte:	Wanderkarte NRW, Hermannsland, 1:25.000
Die Biere der Region:	Herforder Pils, Detmolder Pils und Detmolder Weizen
Höchster Punkt der Wanderung:	441 m (Velmerstot)
Niedrigster Punkt der Wanderung:	164 m (Dunoper Teich)

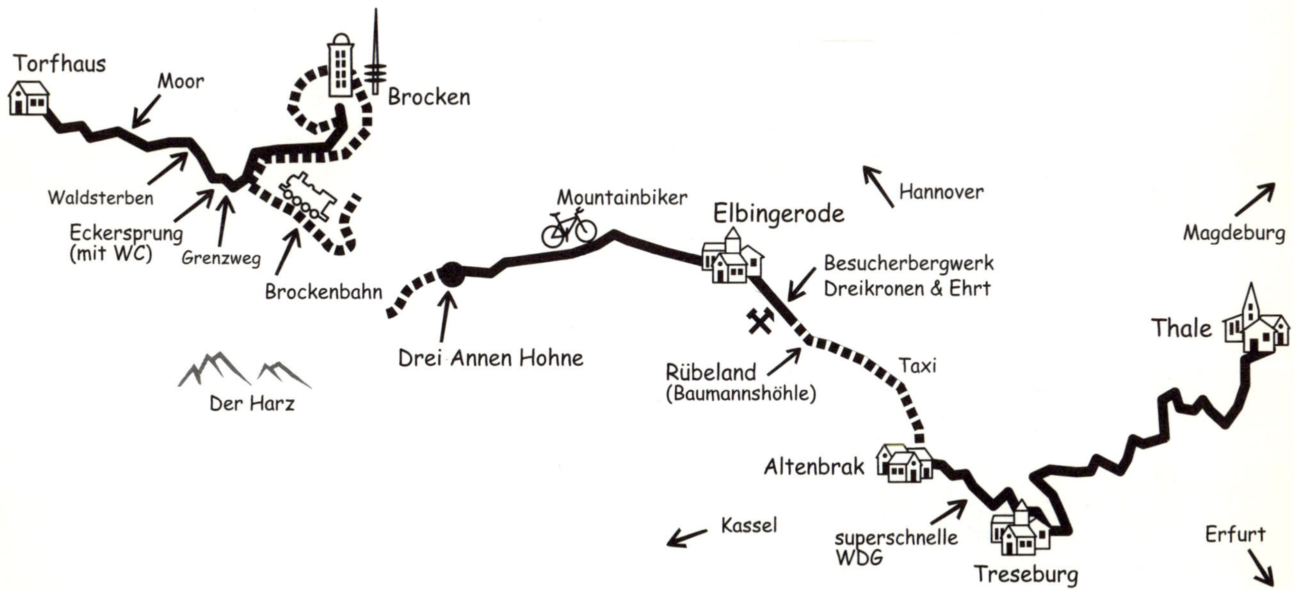
Torfhaus
Moor
Brocken
Waldsterben
Eckersprung
(mit WC)
Grenzweg
Brockenbahn
Mountainbiker
Elbingerode
Hannover
Magdeburg
Besucherbergwerk
Dreikronen & Ehrt
Drei Annen Hohne
Thale
Rübeland
(Baumannshöhle)
Taxi
Der Harz
Altenbrak
Kassel
superschnelle
WDG
Treseburg
Erfurt

Im Herzen des Harzes

Mit Victor auf dem Brocken und unter Tage

Oktober 2004

Vor über 30 Jahren war ich schon einmal im Harz gewesen, in einer Hütte von engen Freunden meiner Eltern. Doch hatte ich daran nur noch eine Foto-Anekdoten-Erinnerung. Ich hatte die mich betreffenden Harz-Geschichten so oft gehört und die dazu gehörenden Fotos so oft gesehen, dass sie jede wirkliche Erinnerung überlagerten.

Mit Bussi-Bär-Heft im Harz

Fast hätte ich ins Auto »gekotzt«. Links Mama, rechts Tante Elvira

»Das war so süß, als wir dir in Braunlage das Bussi-Bär-Heft gekauft haben und du es falsch herum gelesen hast.«

»Ja, und dann mussten wir ja alle zwei Kilometer anhalten und aussteigen, weil du beinahe in Onkel Rudis Auto gespuckt hättest.«

Das war der Bussi-Bär-und-im-Auto-schlecht-gewordenen-Harz meiner Kindheit.

Als Kind wirkte der Harz groß und gewaltig auf mich, jetzt kam er mir kleiner vor. Und er ist auch ein eher kleines Mittelgebirge. Schon bei der Anfahrt sieht man, wie sich die Höhenzüge des Harzes über die niedersächsische Tiefebene erheben. Ich war morgens von Köln mit dem ICE nach Hannover gefahren. Im Bahnhof musste ich mit Rucksack auf dem Rücken sprinten, um noch die Regionalbahn nach Bad Harzburg zu erreichen. Hinter

Hildesheim rückte der Harz am Horizont immer näher, und anderthalb Stunden hinter Hannover erreichte ich die alte Kaiserresidenz Goslar. Dort stieg Victor zu. Der drehte gerade in Clausthal-Zellerfeld im Oberharz einen Fernsehfilm für die ARD, in dem er einen Pfarrer spielt. Am Kopfbahnhof von Bad Harzburg stiegen wir aus und fuhren mit dem Bus in den Harz hinein nach Torfhaus.

Torfhaus ist der amtliche Treffpunkt für Biker und Wanderer und liegt schon 800 Meter hoch. Bis zum Brocken, der mit 1142 Metern die höchste Erhebung des Harzes ist, ist es von dort nicht mehr weit. Im Café-Restaurant »Brockenblick« stärkten wir uns erst mal für unsere Tour. Das Durchschnittsalter im »Brockenblick« entsprach in etwa der durchschnittlichen Lebenserwar-

Blick auf den Brocken. Das Schild weist die alte Rechtschreibung auf. Es muss natürlich Brocken, nicht Bockw heißen

tung der deutschen Bevölkerung. Die wollten wirklich nur auf den Brocken blicken und ihn nicht erstürmen. Wir dagegen wollten auf den Brocken.

Kurz hinter dem Café in Torfhaus gelangten wir auf den Hexenstieg. Der Hexenstieg ist vergleichbar dem Rothaarsteig ein 93 Kilometer langer Wanderweg, der in West-Ost-Richtung den Harz durchquert und 2003 nach den Kriterien des »Wanderbaren Deutschlands« eingerichtet wurde. Auf diesem Hexenstieg, der mit der Harztypischen grünen Hexe markiert ist, gingen wir die ersten vier Kilometer bis zum Rastplatz Eckersprung. Der Weg war extrem abwechslungsreich: durch dichte Tannenwälder auf wurzelbedeckten Wegen, auf Holzstegen über ein Hochmoor, auf breiteren Forstwegen durch einen Mischwald. Ein Stück führte auch durch ein großes Gebiet, das vom sauren Regen zerstört worden war. Ähnlich, wie ich es im Schwarzwald gesehen hatte, handelte es sich um eine Bergkuppe. Victor hatte so etwas noch nie gesehen und fand es sehr gruselig.

Hinter dem Rastplatz Eckersprung mit WC-Häuschen bog der Hexenstieg auf eine breite, betonierte Schneise ein. In zwei Reihen waren löchrige große Betonplatten in den Boden eingelassen und führten einen Kilometer gerade bergan. Wo wir jetzt entlangwanderten, patrouillierten vor 15 Jahren noch Grenzsoldaten der DDR. Der Wanderweg lief genau auf der ehemaligen Grenze zwischen der BRD und der DDR, der heutigen Grenze zwischen Niedersachsen und Sachsen-Anhalt.

Falsch ...

... richtig

Dieser Grenzweg führte uns bis an den Gleisstrang der Brockenbahn. Zwei Kilometer ging es an den Gleisen entlang. Für einen gewöhnlichen Wochentag im Herbst war der Weg gut besucht, und uns kamen so viele Wanderer entgegen, wie ich es höchstens vom Rotweinwanderweg an der Ahr kenne. War das Ausdruck einer neuen Wanderleidenschaft der Deutschen? Es fiel schon auf, dass das Durchschnittsalter der Brockenwanderer niedriger war als das der Gäste im Restaurant »Brockenblick«. Es waren ganze Schulklassen darunter, junge Erwachsene mit kleineren Kindern und viele »Nordic-Wanderstöcke-trekkingmäßig« ausgestattete Herrschaften im Alter zwischen 35 und 55. Die hatten sich alle für diese Harz-Tour freigenommen und waren keine ziellosen Herumschlenderer.

Am Ende der Gleise schwenkte der Wanderweg links ab. Das letzte Stück zum Gipfel ging es auf einer asphaltierten Straße bergan. Victor war die ganze Zeit leicht vor mir hergegangen, und ich wollte jetzt zu ihm aufschließen. Aber wie sehr ich auch meinen Schritt beschleunigte, ich kam nicht näher. Das kam mir merkwürdig vor. Dann dämmerte es mir. Das sollte jetzt bestimmt die Rache für meinen fulminanten Sieg am Großen Winterberg in der Sächsischen Schweiz werden. In seinem Rücken fing ich an, fünf bis sechs Schritte zu joggen. Da drehte er sich das erste Mal um. Ich tat unbeteiligt und wanderte stramm weiter. Als er wieder nach vorne schaute, lief ich wieder ein paar Schritte bergan. Diesmal guckte er sich aber zu früh um, erwischte mich beim Joggen und lief mir davon. Um es kurz zu machen: Er war als Erster am Gipfel. Wir standen beide schnaufend

Auf dem Brocken: Raketenabschussbasis oder das neue Logo der Fußball-WM?

für zwei Minuten auf dem Brocken. Es war dort oben viel zu windig, und wir beschlossen, sofort mit der Brockenbahn zurückzufahren. Wir gingen zum Verkaufsschalter, wo der Schalterbeamte diverse hochprozentige Alkoholika sortierte. Im Angebot waren der Ramazotti des Harzes, der »Schierker Feuerstein«, und der Kräuterlikör »Brocken-Hexe«. Außerdem gab es den »Schaffnertropfen«, einen Fruchtsaft-Likör mit Schlehe und Rum, und den »Heizerschluck«, einen Waldbeerlikör mit Farbstoff. Anscheinend waren alle Mitarbeiter der Brockenbahn ständig hackenstramm. Wir wollten aber kein flüssiges Kopfweh, sondern eine Zugfahrkarte. Die waren ausverkauft, wir sollten, so der Bescheid, uns im Zug eine Fahrkarte geben lassen. Das haben wir dann auch gemacht. Der Einheitspreis von 14 Euro pro Person erschien uns nicht zu teuer für die Fahrt mit dieser speziellen Eisenbahn.

Für einen passionierten Eisenbahnfahrer wie mich war die Brockenbahn ein Faszinosum. Seit ihrer Eröffnung im Jahr 1899 wird diese Schmalspurbahn mit Dampfloks betrieben. Victor und ich stellten uns auf den Perron eines der Wagen und genossen die Fahrt nach unten. Man konnte vom Brocken aus bis weit in die Ebene des Nordharzes hinausblicken. Und wir hatten Glück mit dem Wetter – an zwei Dritteln aller Tage im Jahr ist es entweder nebelig am Brocken, oder der Gipfel liegt über den Wolken. Nach den ersten Zugkilometern ging es in dunkle Tannenwälder. Die großen Ausblicke wurden ersetzt durch intimere Einblicke in kleine Schluchten. Da der Zug sehr langsam fuhr und wir im Freien standen, stellte sich schnell das Gefühl ein, mit dem Zug zu wandern. Nach 19 Kilometern kamen wir am Waldbahnhof Drei Annen Hohne an. Der Zug hatte bis dorthin eine knappe Stunde benötigt und über 500 Höhenmeter überwunden. Von dort wanderten wir nach Elbingerode. Zwei entgegenkommende Mountainbiker grüßten uns. Ich war nach dem langen Tag ziemlich müde und grüßte zurück. Das war natürlich ein Fehler, denn Mountainbiker grüßt man ja nicht. Victor sprach den ganzen Abend kein Wort mehr mit mir. So ein Fauxpas darf einfach nicht passieren.

Wir hatten in einer Pension in Elbingerode übernachtet und machten uns am nächsten Tag auf den Weg in den Nachbarort Rübeland. Der Name hat nichts mit Rübezahl zu tun, obwohl der Riese sich außer im Riesengebirge auch in den Erzgruben des Harzes herumgetrieben haben soll.

Vor allem aber ist Rübeland für seine Höhlen bekannt. Tropfsteinhöhlen begegnen dem Wanderer in deutschen Mittelgebirgen häufiger. Im Kölner Raum sind die Tropfsteinhöhlen von Wiehl und Attendorn beliebte Ausflugsziele. Selten findet man aber zwei große Höhlensysteme in direkter Nachbarschaft wie in Rübeland. Dort gibt es die Hermannshöhle und die Baumannshöhle. Wir hatten uns für die Baumannshöhle entschieden, weil sie als Erste am Wegesrand lag.

Die Baumannshöhle wurde von einem Bergknappen namens Baumann im 16. Jahrhundert entdeckt, der sich der Sage zufolge von einer Elfe in die Spalte der Höhle locken ließ. Dort verlosch sein Grubenlicht, und er irrte drei Tage in der Höhle umher. Er fand schließlich heraus, starb aber wenige Tage nach seinem Abenteuer.

Da die erste geführte Höhlentour schon 1646 stattfand, brüstet sich die Baumannshöhle, die älteste Schauhöhle der Welt zu sein. Wir mussten noch fast eine halbe Stunde auf unsere Führung warten. Denn: In diese Höhle kommt man nur mit Führung rein. Mit Frau Krüger und zwei nervigen Schulklassen ging es dann in die Welt der Stalaktiten und Stalagmiten. Seit Max Goldt kann ich mir das mit diesen beiden Sorten von Kalksteinablagerungen merken. Die Mieten steigen, also sind Stalagmiten die Dinger, die auf dem Boden stehen. Dagegen hängen Titten für gewöhnlich, daher sind Stalaktiten die von den Decken herabhängenden Zapfen.

Die Führung von Frau Krüger verlangte nach sehr viel Phantasie, um die diversen Igel, Schildkröten, Zwerge

Gleich fahren wir ins Bergwerk ein

und Weihnachtsmänner zu erkennen. Und auch Goethe, der sich dreimal in dieser Höhle aufgehalten hat, musste ganz schön einen im Tee gehabt haben, als er in einem unförmigen Stalagmiten einen Mönch erkannte. Seither heißt dieser Klumpen Stein »Der Mönch«.

Als Vorsitzender der Bergwerkskommission, zu dem ihn sein Herzog Carl August 1779 gemacht hatte, ist Goethe auch oft unter Tage gewandert. Wobei wandern unter Tage nicht wandern, sondern fahren heißt. Der Bergmann fährt ein, auch wenn er sich zu Fuß bewegt. Das lernten wir bei unserer zweiten Führung an diesem Tag im Besucherwerk »Drei Kronen & Ehrt« zwischen Elbingerode und Rübeland. Stilecht wurden wir mit einem Lorenzug in die Sole 800 Meter tief in den Berg hineingefahren. In diesem Bergwerk wurde bis zur Wende Eisenerz und Schwefelkies gefördert. Seit 1990 ist der Betrieb geschlossen und nur noch Besuchern zugänglich. Uns wurden diverse Höllenmaschinen ab 180 Dezibel aufwärts vorgeführt. Kleine Kinder mussten schreiend vorzeitig aus dem Bergwerk herausgefahren werden. Die Maschinen sahen aus wie Kampfroboter aus dem Krieg der Sterne.

Der Tag war schon fortgeschritten, aber wir wollten natürlich noch ordentlich wandern. Also ließen wir uns recht dekadent mit dem Taxi vom Besucherbergwerk zum ungefähr 20 Kilometer entfernten Ort Altenbrak fahren. Das Bodetal musste noch sein. Die Bode entspringt im Harz und mündet nördlich von Halle in die Saale. In Altenbrak trafen wir auch wieder auf den Hexenstieg, und Victor hatte ein Höllentempo angeschlagen. Er geriet in Panik, dass wir den Zug in Thale verpassen würden. Am Abend musste er wegen eines Nachtdrehs in Clausthal-Zellerfeld sein. Das machte ihm derart Beine, dass ich ihn gar nicht mehr wieder erkannte.

Die WDG auf allen bisherigen Wanderungen ergibt folgende Rangliste:

Touren	*WDG*
Mit Markus auf dem Hermannsweg	5,61
Allein auf dem Rothaarsteig	5,32
Mit Victor auf dem Goetheweg	4,78
Mit Victor in der Böhmischen Schweiz	4,10
Mit Victor in der Sächsischen Schweiz	3,94
Mit den Kindern im Hunsrück	3,78
Mit meinem Vater in der Eifel	3,60

Victor hatte sich also bisher nicht gerade als Hochgeschwindigkeits-Wanderer hervorgetan. Und jetzt das! Er legte ein Tempo vor, dem ich kaum folgen konnte. Das würde ganz klar auf eine WDG von über 6 km/h hinauslaufen – gigantisch. Interessanterweise wurde dieser Abschnitt zwischen Altenbrak und Thale auf einem Schild als Sportwanderweg bezeichnet. Das nahmen wir nun sehr, sehr ernst und auch wörtlich.

Der Fluss Bode hatte sich im Laufe der Jahrmillionen tief ins Tal hineingefressen. Nicht umsonst wird diese Schlucht der Grand Canyon des Harzes genannt. Die Felsen sind derart kluftig, kantig, trutzig, schorfig und mächtig, wie ich es in vergleichbaren Tälern in Eifel und Hunsrück noch nie gesehen habe. Natürlich haben wir den Zug in Thale noch bekommen. Im Laufschritt. Und zehn Sekunden später ist er dann losgefahren.

Im Zug entspannten sich meine Beinmuskeln. Ich freute mich schon auf die nächste Wandertour. Mein pumpendes Herz sagte mir: Du musst wandern.

1. Tag:	
Wegstrecke:	13 Kilometer (8 Kilometer von Torfhaus bis zum Brocken und 5 Kilometer von Drei Annen Hohne bis Elbingerode)
Wanderzeit brutto:	3 Stunden, 41 Minuten
Wanderzeit Netto:	2 Stunden, 34 Minuten
WDG:	5,05 km/h
2. Tag	
Wegstrecke:	14 Kilometer
Wanderzeit brutto:	2 Stunden, 15 Minuten
Wanderzeit netto:	2 Stunden, 15 Minuten
WDG:	6,22 km/h (Rekord!)
Autokennzeichen:	Von GS (Goslar) nach WR (Wernigerode) und am zweiten Tag von WR nach QLB (Quedlinburg)
Wanderkarte:	Wandern im Harz. Offizielle Karte des Harzklubs e.V., 1:50.000
Das Bier der Region:	Hasseröder Pilsener aus Wernigerode
Höchster Punkt der Wanderung:	1141 m (Brocken)
Niedrigster Punkt der Wanderung:	183 m (Thale)

Kein Nachwort – Nach der Wanderung

In der Alten Pleiner Mühle

Am Prebischtor

Beim Bienenschmidt

Im Eiscafé von Großkochberg

Manuel Andrack
Meine Saison mit dem FC

Lieferbar ab Mai 2005

Seit 20 Jahren ist Manuel Andrack bekennender Fan des 1. FC Köln. In der vergangenen Saison stieg sein Lieblingsfußballklub zum dritten Mal in die zweite Liga ab. Manuel Andrack beschließt, dass gerade jetzt ein Liebesbeweis von Nöten ist. Er will in der Saison 2004/05 jedes Spiel des FC live im Stadion sehen.
Wie Tim Parks in »Eine Saison mit Verona« begleitet er von nun an einen der beliebtesten Vereine Deutschlands – egal, ob es nach Dresden oder nach Unterhaching geht. Es wird eine Reise in Städte und Stadien, die nicht in der »Sportschau« auftauchen. Im Fanbus- und zug erfährt er nicht nur, was Fans alles ertragen und erleiden, sondern auch die Fan-Geschichten - jede ist eine besondere, und doch ähneln sie sich alle in der Hingabe an den Fußball.

Harald Schmidt
Avenue Montaigne

Roman, très nouveau
Die Focus-Kolumnen
KiWi 817
Originalausgabe

Das Beste im Focus-Wochentakt – Sternstunden des investigativen Journalismus. Ob transatlantische oder alteuropäische Politik, brillante Philosophie oder messerscharfe Soziologie, Kultur oder Medien, Pädagogik oder Börse: kompromisslose Analysen live und ungeschminkt aus den Chefetagen des Zeitgeists.

»Wie Hölderlin, Hegel und der Personenkraftwagen ist Harald Schmidt eines der großen schwäbischen Geschenke an die zivilisierte Menschheit …«

Stephan Wackwitz

Jörg Thadeusz
Alles schön

Roman
KiWi 841
Originalausgabe

Lukas, Kapitän eines Airbus', ist die Strecke Frankfurt – Nairobi schon hunderte Male geflogen und auch an diesem Tag scheint alles normal. Doch kurz vor Start, als der Tower sich meldet, zögert er. Erst nach endlosen Minuten hat er sich erholt und kann starten – Lukas hat Flugangst.
Sarah ist Berufspolitikerin. Nach zwei Legislaturperioden bedeutet Berlin für sie kaum mehr als sämig lange Tage in der trockenen Luft der Ausschussräume.
Auf einem Rückflug nach Berlin begegnen sich Lukas und Sarah, und es entwickelt sich eine unwegsame Liebesgeschichte. Gnadenlos komisch und doch lebensklug beobachtet.

Paperbacks bei Kiepenheuer & Witsch KiWi PAPERBACK www.kiwi-koeln.de

Jörg Thadeusz
Rette mich ein bisschen

Ein Sanitäter-Roman
KiWi 770
Originalausgabe

Gunnar ist Ende zwanzig und arbeitet als Rettungssanitäter. Er teilt sich seine Wohnung mit Sandra, die zwar ihre Macken hat, aber bezaubernd aussieht und ihn schon ewig kennt. Seine Kollegen, die ihn oft höllisch nerven, sind zugleich seine besten Kumpels. Alles ganz entspannt – bis er eines Tages zu einem Einsatz gerufen wird, bei dem die Patientin stirbt und er sich dabei in ihre Tochter verliebt …

»Extratrockener Humor, gnadenlose Beobachtungen und echtes Mitleid – Thadeusz gelingt jene angel-sächsische Mischung, wie man sie von wirklich routinierten Autoren, von Nick Hornby oder Stephen Fry kennt.«

Frankfurter Allgemeine Sonntagszeitung

Paperbacks bei Kiepenheuer & Witsch KiWi PAPERBACK www.kiwi-koeln.de

Julie Orringer
Unter Wasser atmen

Storys
Aus dem Amerikanischen von Bettina Abarbanell
KiWi 875
Deutsche Erstausgabe

Julie Orringers Geschichten handeln von jenem Moment, in dem das Leben einen zwingt erwachsen zu werden. Ihre Heldinnen erleben die verwirrenden Gefühle von Sehnsucht, erster Liebe und Kummer. Sie straucheln und finden doch ihren Weg in die fremde Welt der Erwachsenen. Denn alle lernen, unter Wasser zu atmen.

»Wenn man einmal mit ›Unter Wasser atmen‹ begonnen hat, wird man nicht mehr aufhören können. Orringers Geschichten sind von herrlicher Reife und großer Anmut.«
Elle

»Julie Orringer schreibt komplex und mit viel Humor. Ihre Geschichten zeugen von einer eindringlichen Intelligenz und einer bemerkenswerten Selbstsicherheit.«
Boston Globe

»Kaum hatte ich das Buch ausgelesen, kaufte ich mir eine Erstausgabe und noch ein zweites Exemplar für den Geburtstag eines Freundes. So toll ist das Buch.«
Nick Hornby

Paperbacks bei Kiepenheuer & Witsch KiWi PAPERBACK www.kiwi-koeln.de

Navid Kermani
Das Buch der von Neil Young Getöteten

KiWi 853

Wenige Tage nach der Geburt trägt ein junger Vater seine schreiende Tochter durch die Wohnung. Nichts scheint sie zu beruhigen, nichts scheint gegen die allabendlich wiederkehrenden Bauchkrämpfe zu helfen. In seiner Verzweiflung greift der Vater in sein Plattenregal und legt Neil Young auf. Mit den ersten Gitarrenklängen entspannt sich das Kind, und es beginnt eine wundersame Reise, die tief in die Musik Neil Youngs führt und doch vom Leben erzählt.

»Am Ende ist dieses schöne, kluge Büchlein ein großes Lob des Spielens – auf der Bühne im Leben.« *Die ZEIT*

Paperbacks bei Kiepenheuer & Witsch KiWi PAPERBACK www.kiwi-koeln.de